L'ALGORITHME DE LA PROSPÉRITÉ POUR LES CONSULTANTS EN TI

I0005572

L'ALGORITHME DE LA PROSPÉRITÉ DE LA PROSPÉRITÉ POUR LES CONSULTANTS EN TI

Le guide du consultant indépendant pour maximiser les revenus, l'efficacité sur le plan fiscal et la planification de la retraite

Eric Chevrette

Président, Finances TI360

BrightFlame
Books By Experts

Copyright © 2024 par Éric Chevrette. Tous droits réservés.

Première édition. Publié au Canada par BrightFlame Books, Burlington, Ontario. www.BrightFlameBooks.com

Aucune partie de ce livre ne peut être utilisée ni reproduite de quelque manière que ce soit sans autorisation écrite, sauf dans le cas de courtes citations dans des articles et revues critiques dans leur intégralité.

Limite de responsabilité/exonération de responsabilité: Les informations contenues dans ce livre sont présentées uniquement à des fins de divertissement. L'éditeur et les auteurs ne font aucune déclaration ni garantie quant à l'exactitude ou à l'exhaustivité des renseignements contenus dans le présent document et rejettent expressément toute garantie implicite de qualité marchande ou d'adaptation à un usage particulier. Aucune garantie ne peut être créée ou prolongée par les représentants commerciaux ou les documents de vente écrits. Les conseils et les stratégies contenus dans le présent document peuvent ne pas convenir à votre situation. Vous devriez consulter un conseiller professionnel qualifié, le cas échéant. Ni l'éditeur ni l'auteur ne peuvent être tenus responsables de toute perte de revenu, de profit ou de tout autre dommage commercial, ni de toute souffrance émotionnelle ou psychologique, y compris, sans toutefois s'y limiter, tout dommage spécial, accessoire, consécutif ou autre.

Avis de non-responsabilité

Le contenu de ce livre est présenté uniquement à des fins d'informations. Il n'est pas destiné à servir de conseils juridiques ou d'investissement et ne doit pas être considéré comme une recommandation d'acheter ou de vendre des titres ou des produits, qu'ils soient mentionnés explicitement ou non.

Le contenu inclus ou rendu disponible par le biais de ce livre n'est pas destiné à être un conseil juridique ou financier ni à en constituer un, et aucune relation fiduciaire n'est établie. L'éditeur et l'auteur fournissent ce livre et son contenu « tels quels ». Votre utilisation des informations contenues dans ce livre est à vos propres risques.

Ce livre ne doit pas être interprété comme une forme de promotion, une offre de vente de titres ou une sollicitation d'achat de titres ou de produits. Ce livre a été produit à titre de source d'information générale seulement. Il ne constitue pas un conseil spécifique en ce qui concerne votre situation financière, et ne doit pas être interprété comme un conseil financier, juridique, comptable, fiscal ou autre.

L'éditeur et l'auteur ne font aucune garantie ou autre promesse quant aux résultats pouvant être obtenus suite à l'utilisation du contenu de ce livre. Dans toute la mesure permise par la loi, l'éditeur et l'auteur déclinent toute responsabilité dans le cas où les informations, commentaires, analyses, opinions, conseils ou recommandations

vi | L'algorithme de la prospérité pour les consultants en TI

contenus dans ce livre s'avéreraient inexacts, incomplets ou peu fiables, ou entraîneraient des investissements ou d'autres pertes. Ni l'auteur, ni Finances TI 360, ni l'éditeur ne peuvent être tenus responsables de toute perte de revenu, de profits ou de tout autre dommage commercial, ni de toute souffrance émotionnelle ou psychologique, y compris, sans toutefois s'y limiter, tout dommage spécial, accessoire, consécutif ou autre. Les commentaires contenus dans ce livre reflètent les opinions personnelles de l'auteur au moment de la rédaction. Ces opinions peuvent changer à tout moment, en fonction de l'évolution du marché et d'autres facteurs. Nous n'assumons aucune responsabilité quant à la mise à jour de ce contenu. Il a été élaboré à partir de sources que l'auteur croit fiables. L'éditeur et l'auteur ne peuvent être tenus responsables d'éventuelles inexactitudes. Veuillez consulter votre conseiller professionnel avant de prendre toute décision de placement.

Le contenu de ce livre est protégé par les lois applicables sur les droits d'auteur. Vous pouvez l'utiliser et le reproduire pour votre usage personnel et non commercial, à condition de ne pas le modifier et de conserver l'avis de droits d'auteur et les autres mentions légales. Vous ne pouvez pas télécharger, transmettre, stocker, copier, distribuer, reproduire ou publier toute information fournie dans ce livre sans autorisation. Certains noms, expressions, logos, graphiques ou dessins figurant sur ce livre sont des noms commerciaux ou des marques de commerce déposés ou non déposés (collectivement, les « Marques de commerce ») de leurs propriétaires et de leurs sociétés affiliées ou de tiers, que l'auteur utilise sous licence.

Lisez toujours le prospectus ou l'aperçu du fonds avant d'investir. Les fonds communs de placement ne sont pas garantis, leur valeur change fréquemment, et le rendement passé n'est pas indicatif des résultats futurs.

Remerciements

Ce livre n'aurait jamais vu le jour sans le soutien et l'aide précieux de plusieurs personnes.

Tout d'abord, je tiens à exprimer ma gratitude envers mon réseau exceptionnel de conseillers financiers chez Desjardins et Desjardins Sécurité financière Réseau indépendant. Leur appui inestimable m'a permis de développer Finances TI360 et de l'élever à son niveau actuel. Le sentiment d'appartenance à une grande famille et le soutien constant ont été des facteurs déterminants dans notre succès.

Ensuite, un grand merci à tous les membres de mon centre financier, en particulier à SFL QMA, pour avoir soutenu mon parcours entrepreneurial dès le début. Leur confiance en moi et leur soutien indéfectible ont été essentiels pour concrétiser mes aspirations professionnelles.

Je suis également reconnaissant envers mon équipe exceptionnelle chez Finances TI360. Leur dévouement, leur esprit d'équipe et leur capacité d'innovation ont été les piliers de notre réussite. Chacun d'eux traite l'entreprise et nos clients comme s'il s'agissait de sa propre entreprise, ce qui témoigne de leur engagement et de leur professionnalisme.

Une mention spéciale à Sam Cellini, sans qui ce livre n'aurait jamais vu le jour. Son encouragement et son soutien constants m'ont poussé à partager l'histoire de Finances TI360 avec un public plus large. Son dévouement à ce projet, depuis la phase de conception jusqu'à sa réalisation, a été inestimable.

Je tiens également à remercier Rob Cuesta et l'équipe de BrightFlame Books pour leur contribution à la réalisation de ce livre. Leur expertise et leur savoir-faire ont été essentiels pour donner vie à cette vision.

Enfin, je ne saurais oublier ma famille, en particulier mes parents, qui m'ont inculqué les valeurs du travail acharné et de l'entrepreneuriat.

Et bien sûr, un immense merci à Natalie Chabot, ma plus grande source d'inspiration et de soutien. Son influence positive et son soutien inébranlable ont été des éléments essentiels de mon parcours entrepreneurial.

Avant-propos

Par Michael Leacy, Président, National Association of Canadian Consulting Businesses

Chers consultants indépendants et distingués collègues,

J'ai le plaisir de vous présenter: « L'algorithme de la prospérité pour les consultants en TI: Le Guide du consultant indépendant pour maximiser les revenus, l'efficacité sur le plan fiscal et la planification de la retraite ».

En tant que président de la *National Association of Canadian Consulting Businesses*, je suis honoré de vous présenter cette ressource inestimable. Ce guide a été bonifié grâce aux contributions de nombreux professionnels, dont Éric Chevrette, fondateur et président de Finances TI360, un membre partenaire estimé de notre association.

Dans le paysage commercial dynamique d'aujourd'hui, le rôle des consultants indépendants n'a jamais été aussi vital. Vous êtes une force motrice derrière l'innovation, la croissance et la transformation au sein de divers secteurs. Votre dévouement alimente le succès d'innombrables entreprises partout au Canada.

« L'algorithme de la prospérité » est bien plus qu'un autre guide financier. Il s'agit d'une feuille de route sur mesure, conçue exclusivement pour les consultants indépendants. Il comprend des décennies de sagesse et de connaissances collectives, ainsi que des pratiques exemplaires utilisées par nombreux professionnels chevronnés, dont Éric Chevrette.

À travers ce guide collaboratif, nous visons à outiller tous les consultants indépendants afin qu'ils puissent prendre le contrôle de leurs finances, maximiser leur rentabilité et sécuriser leur avenir financier. Il couvre tous les sujets, allant de la gestion des dépenses à l'optimisation des impôts, et la planification de la retraite.

Je tiens à exprimer ma profonde gratitude envers Éric Chevrette pour ses généreuses contributions et son soutien pour faire de « L'algorithme de la prospérité » un ouvrage reflétant avec justesse le dévouement des consultants indépendants à la réussite.

J'espère que vous trouverez cette ressource très précieuse. Adoptez les enseignements contenus dans ce guide et propulsez vos entreprises et votre industrie vers de nouveaux sommets.

Cordialement,

Michael Leacy

Président, *National Association of Canadian Consulting Businesses*

Table des matières

Introduction

Si vous lisez ceci, je suppose que vous êtes un consultant indépendant ou envisagez de le devenir. Il est probable que vos finances vous préoccupent: comment maximiser vos gains, réduire vos impôts, optimiser vos investissements et protéger votre patrimoine personnel et familial pour l'avenir?

Peut-être envisagez-vous la retraite et vous vous demandez si vous aurez suffisamment d'argent pour les années à venir. Ou peut-être êtes-vous encore au début de votre carrière et souhaitez-vous vous assurer de pouvoir profiter des fruits de votre travail maintenant tout en assurant votre sécurité financière pour les périodes plus calmes.

Il existe une multitude de conseils financiers sur le marché, et en tant que consultant indépendant, vous avez souvent un avantage par rapport au travailleur moyen. Cela signifie que vous êtes probablement sollicité par de nombreux conseillers. Mais comment savoir si le conseil que vous recevez est réellement bon pour vous?

Restez à l'affût des paradigmes brisés

Au Canada, les propriétaires d'entreprise indépendants comme vous représentent moins de 10 % de la population active, tandis que plus de 90 % sont des employés salariés. Cela signifie que la plupart des conseils financiers disponibles sont principalement conçus pour répondre aux besoins des salariés. Les produits financiers disponibles sur le marché sont souvent adaptés à leurs besoins, et la formation des conseillers est souvent axée sur ce groupe.

Cependant, en tant que propriétaire d'entreprise, vous avez accès à des produits financiers et à des avantages fiscaux auxquels la plupart des gens n'ont pas accès. Votre entreprise est également soumise à des règles fiscales différentes, ce qui peut vous offrir un avantage significatif en matière de planification financière, à condition que vous et votre conseiller compreniez comment tirer parti de ces règles fiscales différentes.

Le problème réside souvent dans le fait que la plupart des conseillers traitent les propriétaires d'entreprise de la même manière que leurs clients salariés. Pour eux, votre entreprise est simplement votre employeur, une « boîte noire » qu'ils ne comprennent pas vraiment et qu'ils estiment ne pas avoir besoin de comprendre.

En conséquence, les conseils financiers standard que vous recevez peuvent ne pas être adaptés à votre situation personnelle en tant que propriétaire d'entreprise. Par exemple, le conseil de « cotiser au maximum dans votre REER » peut être valable pour un employé régulier, mais cela peut ne pas être approprié pour vous en tant que propriétaire d'entreprise.

Cela illustre ce que j'appelle un « paradigme brisé »: des conseils financiers standards qui fonctionnent généralement, mais qui peuvent être inappropriés ou inefficaces lorsqu'ils sont appliqués aux propriétaires d'entreprise indépendants comme vous.

Il est donc fréquent que les consultants indépendants passent à côté d'opportunités de placement, acceptent des rendements inférieurs à ce qu'ils pourraient obtenir et paient plus d'impôts que nécessaire.

C'est pourquoi il est crucial de trouver un conseiller qui comprend les spécificités de votre situation en tant que propriétaire d'entreprise.

Dans ce livre, vous découvrirez sept des paradigmes brisés les plus courants que vous êtes susceptible de rencontrer lorsque vous travaillez avec un conseiller financier:

1. Obligations à revenu fixe pour gérer le risque
2. Salaire vs dividendes
3. Fractionnement du revenu alors que vous ne devriez pas
4. Évaluation de la tolérance au risque
5. Établissement des cotisations à un REER
6. Gel des fonds pour la retraite
7. Laisser la planification fiscale successorale à vos héritiers

La route vers Finances TI360

Depuis 2009, ma mission a été d'aider des consultants indépendants comme vous à naviguer avec succès à travers les pièges et les erreurs financières courantes, tout en rectifiant les paradigmes brisés qui pourraient entraver votre succès financier.

Pourtant, je n'étais pas destiné à devenir un conseiller financier.

Né au sein d'une famille d'entrepreneurs dans une petite ville à une heure de Montréal, j'ai toujours affirmé que je ne travaillerais jamais dans l'entreprise familiale. Cependant, le destin en a décidé autrement. Après avoir obtenu mon diplôme en 1991, alors que les opportunités d'emploi pour les diplômés en affaires étaient limitées, j'ai commencé ma carrière professionnelle aux côtés de mon père. Cette collaboration a duré jusqu'en 1996, lorsque mon père a vendu l'entreprise à l'une des plus grandes papetières du Canada, Cascades.

Par la suite, j'ai passé 13 années à contribuer à la croissance de l'entreprise pour ses nouveaux propriétaires en tant que directeur national des ventes pour le Canada et les États-Unis. Cependant, toute bonne chose a une fin, et en 2009, suite à un changement dans la direction de l'entreprise, j'ai dû faire face à une période de transition. C'est ainsi que je suis devenu mon propre patron, après avoir été remercié par le plus grand recycleur canadien. J'ai alors rejoint le plus grand groupe de services financiers du Canada, Desjardins, en tant que conseiller financier indépendant.

Le temps pendant lequel j'ai travaillé avec mon père m'a enseigné trois principales leçons qui ont été indispensables à la croissance de mon entreprise.

1. L'importance du processus.
2. L'importance d'avoir un créneau.
3. La valeur d'un « guichet unique ».

L'importance du processus

Les processus d'affaires sont essentiels pour capturer, conserver et diffuser les connaissances de l'entreprise. Lorsque vous établissez des systèmes et des processus pour gérer les tâches essentielles, telles que l'intégration de nouveaux clients ou la collecte de données, deux avantages majeurs en découlent.

Tout d'abord, votre organisation accumule des connaissances sur vos clients, sur ce qui fonctionne et ce qui ne fonctionne pas, ainsi que sur les meilleures pratiques. Cette connaissance est ainsi préservée et peut être partagée avec tous les membres de l'équipe, évitant ainsi de devoir réapprendre les choses à chaque fois. Une fois que vous maîtrisez un processus, vous pouvez le reproduire efficacement à chaque fois, assurant des résultats cohérents.

C'est pourquoi, chez Finances TI360, nous avons instauré plusieurs processus pour chaque aspect de la planification financière de nos clients. Cela garantit que leurs impôts sont minimisés et que leurs rendements sont optimisés.

L'importance d'avoir un créneau

Un « créneau » peut avoir différentes significations pour différentes personnes. Vous avez probablement votre propre créneau: vous vous concentrez sur des types spécifiques de travail ou de projets, et vous pourriez même vous spécialiser dans des secteurs particuliers, tels que les banques ou les entreprises de services publics.

Il est difficile d'exceller si vous êtes un généraliste. La clé pour exceller dans plusieurs domaines est de développer une expertise au niveau de l'entreprise: vous ne pouvez pas tout faire seul, mais vous pouvez vous entourer d'une équipe composée de personnes véritablement compétentes, chacune étant experte dans son domaine.

Il est difficile de bien faire ce que vous faites si vous êtes généraliste.

Lorsque j'ai commencé mes activités de conseil financier à Toronto, je me suis dit: « Je viens du Québec, je travaille pour un assureur canadien-français, et je suis bien connecté à la communauté locale francophone. » En fonction de cela, j'ai décidé de me concentrer sur le service aux « francophones de Toronto ». Par contre, j'ai rapidement découvert que certains créneaux sont meilleurs que d'autres!

Dans les faits, un créneau doit être plus qu'un intérêt commun ou un langage partagé: les clients avec qui vous travaillez ont besoin d'avoir un problème spécifique (ou un ensemble de problèmes). Vous pouvez ensuite mettre toute votre énergie à devenir très bons dans la résolution de ces problèmes pour ce groupe.

Grâce à mes contacts avec mon marché cible, j'ai été en mesure de remplir mon agenda de réunions de vente. Le problème était que ces réunions ne généraient pas toujours des clients. Pourquoi? Parce que les gens que je rencontrais étaient tous différents: ils avaient tous des problèmes différents qui nécessitaient des solutions différentes.

Aujourd'hui, avec du recul, je peux en rire, mais au début, rester motivé était difficile. Tout a changé lorsque je suis retourné à Montréal et que j'ai découvert un groupe de personnes confrontées à des défis similaires aux miens, sans personne pour leur offrir une solution adaptée à leurs besoins uniques.

Un jour, un de mes collègues m'a parlé de son frère, consultant en TI indépendant. Il rencontrait lui aussi plusieurs problèmes, sans trouver de solution adaptée. En tant que propriétaire d'entreprise, il avait besoin bien plus que d'une simple assurance; il avait besoin d'un comptable, d'un gestionnaire de finances, d'un planificateur fiscal, et de nombreux autres conseils et services spécialisés.

Les professionnels auxquels il s'était adressé ne comprenaient pas que les propriétaires d'entreprise ne sont pas comme les employés « ordinaires ». Ayant grandi au sein de l'entreprise familiale, j'ai eu une perspective différente. Je savais que les propriétaires d'entreprise avaient des besoins distincts et que les solutions destinées aux employés ne leur conviendraient pas. En les traitant comme des employés classiques, les propriétaires d'entreprise risquaient de passer à côté des nombreux avantages liés à l'incorporation.

J'ai également réalisé que si je pouvais résoudre les problèmes de ce consultant, je pouvais le faire pour d'autres personnes dans la même situation. C'est ainsi que Finances TI360 est né: un guichet unique aidant les consultants indépendants comme vous à réduire leurs impôts et à maximiser leurs gains.

La valeur d'un guichet unique pour les consultants indépendants

La troisième leçon que j'ai apprise de mon père a été l'attrait d'un guichet unique: un endroit qui offre tout ce dont vous avez besoin sans avoir à magasiner auprès de dizaines de fournisseurs différents, puis essayer de les amener à travailler tous ensemble. Avant que Cascades n'achète l'entreprise, ils étaient nos concurrents. Lorsque vous affrontez un géant comme celui-là, vous ne pouvez pas gagner en rivalisant selon leurs règles. Vous devez être plus agile. Nous n'avons jamais été le plus gros joueur sur le marché, mais nous avons livré plus rapidement et offert plus de variétés. Cela nous a permis de mettre plus de choses dans chaque camion quittant l'entrepôt. C'est ainsi que nous avons réussi à prospérer dans un environnement très concurrentiel et à rivaliser avec des entreprises beaucoup plus grandes.

J'ai appliqué la même mentalité à la création de mon entreprise de conseils financiers pour les consultants indépendants. Ce n'est pas parce que j'étais un conseiller financier que l'entreprise ne pouvait offrir autre chose que des conseils financiers. Pour y arriver, j'ai mis sur pied une équipe d'experts provenant d'autres industries, et j'ai personnalisé l'ensemble des produits et des services dont chacun de mes clients avait besoin. Aujourd'hui, Finances TI360 est un guichet unique offrant tout ce dont vous avez besoin en tant que consultant indépendant.

Cependant, au fil du temps, je me suis rendu compte que la valeur réelle de travailler avec Finances TI360 ne se retrouvait pas dans la gamme de services que nous offrions. Elle repose sur l'expertise approfondie que nous avons développée par nos relations étroites avec les consultants indépendants. Je suis souvent appelé à informer des conseillers professionnels issus de nombreux domaines, par exemple des comptables, des avocats, des conseillers en assurance, des planificateurs financiers et autres, sur les besoins des consultants indépendants qu'ils peuvent combler. Je suis aussi un conférencier régulier lors de conférences de l'industrie aux États-Unis et au Canada sur la façon de sortir des paradigmes standards.

Comme je l'ai dit au début de l'introduction, lorsque vous commencez à rechercher des conseillers, vous réalisez rapidement que 90 % des professionnels auxquels vous parlez et 90 % des produits qu'ils offrent sont destinés à répondre aux besoins des employés « réguliers », qui comptent pour 90 % du marché. Très peu de conseillers comprennent les spécificités qui distinguent les consultants indépendants des employés réguliers, et encore moins comprennent comment ils se différencient des entreprises classiques. Les consultants indépendants sont confrontés à des défis uniques qui requièrent des solutions spécifiques et adaptées à leur situation particulière.

Très peu de conseillers comprennent en quoi les consultants indépendants diffèrent des employés réguliers, et encore moins ils savent comment ils diffèrent des entreprises générales.

Pourquoi « Finances TI360 » ?

En fin de compte, vous et moi ne sommes pas très différents. En tant que professionnel et consultant indépendant, vous respectez un code de conduite. Votre rôle ne se limite pas à suivre aveuglément les instructions de vos clients; vous vous engagez à surveiller et à conseiller, à anticiper les risques et à informer vos clients des meilleures options disponibles.

Lorsque vous choisissez vos conseillers, il est crucial de considérer leur capacité à comprendre vos besoins spécifiques et à vous informer des opportunités émergentes. Trouver un conseiller n'est pas simplement une question d'intelligence, mais plutôt de collaboration et d'engagement envers vos objectifs financiers et personnels.

Notre objectif, chez Finances TI360, va au-delà de la simple distinction entre employés et entreprises. Nous visons à minimiser les impôts et à maximiser les rendements pour vous et votre famille, tant sur le plan commercial que personnel. Donc, même si nous nous concentrons sur vous en tant qu'entreprise, nous tenons aussi compte du fait que vous êtes également un employé, et que (probablement) votre conjoint(e) aussi. J'ai appelé mon entreprise Finances TI360 parce que ce qui nous distingue des autres entreprises, c'est que nous examinons l'entreprise dans son ensemble, en examinant vos finances sous tous les angles. Nous ne sommes pas plus intelligents que les autres conseillers, mais nous prenons une approche plus large. Nous examinons tout ce qui se passe dans votre monde et prenons l'initiative de nous assurer que vous savez ce qui s'en vient.

Depuis plus de dix ans, notre philosophie consiste à vous fournir tout ce dont vous avez besoin, allant du début de votre parcours entrepreneurial jusqu'à la retraite et au-delà. Nous travaillons exclusivement avec des consultants indépendants pour les aider à répondre à leurs besoins financiers et à relever leurs défis, incluant:

- Des stratégies de placement fiscalement avantageuses et des produits d'assurance (tant pour les entreprises que pour les particuliers) que les autres conseillers n'utilisent pas souvent
- Constitution en personne morale
- Comptabilité
- Prêts hypothécaires
- Tenue de livres
- Services de paie

Chiropratique financière

Plusieurs de mes clients me décrivent comme leur « chiropraticien financier ». Un chiropraticien « conventionnel » vous libère de la douleur physique: parfois, vous utilisez vos muscles et vos articulations de la mauvaise façon, et votre corps commence à s'en ressentir. Si vous ne changez pas ce que vous faites, ces articulations et ces muscles peuvent cesser complètement de fonctionner, et votre corps tente de compenser, ce qui cause plus de douleurs et de raideurs. Éventuellement, votre corps s'habitue à bouger de manière inefficace et douloureuse, mais il devient difficile de changer les mauvaises habitudes que vous avez prises et de faire travailler votre corps comme il se doit. Donc, un chiropraticien utilise ses compétences et son expérience pour délier ces articulations bloquées et aider votre corps à bouger comme il se doit.

Je fais la même chose avec vos finances. Je fais des ajustements mineurs qui font disparaître vos « douleurs financières », je vous fais découvrir « des muscles monétaires » dont vous ignoriez l'existence et j'utilise votre argent de façons auxquelles vous n'auriez jamais pensé. Et n'oubliez pas que parfois, vous ne réalisez même pas que vous avez un problème parce que la douleur financière, contrairement à la douleur physique, est souvent cachée. Mais le problème est bien présent, que vous le sachiez ou non.

En fin de compte, mon souhait est que ce livre vous donne un aperçu de ce à quoi peut ressembler une vie sans douleur. Après l'avoir lu, vous ne penserez plus jamais à vos finances de la même façon.

Le gros impact des petits changements

La raison pour laquelle de petits changements peuvent faire une grande différence pour votre situation financière est la puissance de « l'effet composé », et il y a une parabole qui explique l'effet composé de façon simple.

Selon la légende, un sage de l'ancienne Babylone a présenté sa plus récente invention au grand roi Hammurabi: un jeu d'échecs. Le roi était si enchanté qu'il a offert à l'inventeur de choisir sa récompense. La réponse du sage semblait modeste: il a demandé qu'un simple grain de riz soit placé dans la première case de l'échiquier, deux sur la case suivante, quatre sur la suivante, et ainsi de suite, doublant le nombre de grains chaque fois. Le roi Hammurabi était étonné que le prix de ce magnifique cadeau soit si bas, mais il a accepté et ordonné au trésorier de prendre les dispositions pour le paiement.

Une semaine plus tard, l'inventeur est réapparu devant le roi pour se plaindre qu'il n'avait pas reçu sa récompense. En colère, Hammurabi a ordonné à ses gardes de ramener le trésorier devant lui et a exigé de savoir pourquoi il avait désobéi à son ordre.

Le trésorier terrifié s'est jeté aux pieds du roi et a expliqué que la récompense ne pouvait pas être payée: avant d'avoir atteint la moitié de l'échiquier, la quantité de riz nécessaire était plus grande que tout ce qui était disponible dans tout le royaume. Le roi fronça les sourcils en réfléchissant attentivement, et finit par prendre une décision. Il a fait traîner l'inventeur sur la place publique et l'a fait décapiter.

Donc, s'il y a une leçon à retenir, c'est de ne jamais contrarier les rois en essayant de se montrer plus malin qu'eux. En revanche, une leçon plus utile réside dans les effets cumulatifs des petits changements au fil du temps. Chez Finances TI360, nous nous appuyons sur ce principe pour créer des transformations financières significatives avec de simples ajustements, à l'instar d'un chiropraticien.

> *Lorsque vous faites un petit changement dans vos finances, les effets s'accumulent avec le temps. Alors, assurez-vous que les changements que vous apportez* **soient positifs**!

Même un petit changement s'accumule au fil du temps. Par exemple, un investissement de 1 million de dollars avec une croissance annuelle de 8 %, vaudra 3,17 millions de dollars après 15 ans. Toutefois, seulement 0,5 % de plus par année transforme ce montant en 3,4 millions de dollars, soit plus de 227 500 $ de revenu supplémentaire. Et ce 0,5 % ne vient pas d'un changement d'hypothèses sur la croissance future: le 0,5 % est déjà là; il suffit de le « libérer » en trouvant de nouvelles façons de structurer vos finances. Donc, c'est ce que nous ferons ensemble dans ce livre.

Si vous êtes prêt à commencer ce processus, poursuivez votre lecture!

Curieux de connaître l'impact que nos idées pourraient avoir sur votre richesse? Nous avons mis au point une évaluation financière détaillée pour calculer votre valeur nette à 65 ans et vous recommander des stratégies spécifiques à mettre en œuvre. Il vous suffit de répondre à quelques questions rapides sur vos finances.

Pour obtenir votre rapport financier détaillé et des recommandations, rendez-vous sur:

consultant.financesti360.com/fr/#calculer-valeur-nette-65ans

Chapitre 1

Le ministère du Revenu n'est pas votre ennemi

En tant que consultant indépendant et propriétaire d'entreprise, vous luttez quotidiennement pour gérer vos finances. Votre ennemi est rusé et s'est infiltré dans presque tous les aspects de votre vie personnelle et professionnelle.

Vous pensez probablement que ce méchant est le gouvernement/l'ARC. Mais, les agents du ministère du Revenu ne sont pas méchants. Ils ne sont ni bons ni mauvais; ils effectuent simplement un travail. Ils sont un fait de la vie, et plus vous êtes préparé à y faire face, moins ils peuvent mal tourner. Le vrai ennemi est le conseil que vous obtenez.

La planification financière traditionnelle est, à bien des égards, une science impossible fondée sur des hypothèses et des prévisions qui nécessitent des ajustements constants. Toutefois, les impôts sont fondés sur des règles et des faits. Et lorsque vous comprenez les règles et que vous précisez les faits, la planification devient beaucoup plus précise et scientifique. C'est pourquoi, chez Finances TI360, nous consacrons beaucoup d'efforts pour rester informés sur les plus récents changements des lois fiscales et des marchés financiers, pour nous assurer d'obtenir l'information dont nous avons besoin pour nos clients. Ce n'est pas infaillible — les règles et les faits changent au fil du temps — mais avec cette approche, quand quelque chose change, l'impact peut également être prédit avec précision (vous en apprendrez davantage sur ce sujet dans les chapitres à venir).

Les mauvais conseils peuvent prendre plusieurs formes.

- Les conseils **incomplets** d'un conseiller qui n'a pas posé toutes les bonnes questions (que ce soit parce qu'il ne sait pas quelles questions il doit poser ou parce que leur processus ne nécessite pas ces questions).
- Les conseils **non éclairés** de la part d'amis, de membres de la famille et de collègues bien intentionnés. Quand quelqu'un vous dit quoi faire, demandez-vous d'où viennent ses « connaissances ». Même s'il s'agit d'un collègue consultant indépendant, comment savez-vous qu'il obtient lui-même de bons conseils?
- Les conseils **désuets** d'une personne qui possède toutes les compétences requises sur papier. Le milieu de la réglementation évolue constamment, mais parfois, le secteur des conseils financiers peut être lent à suivre la cadence.
- Les conseils **limités** basés sur l'expérience personnelle d'un conseiller et un champ d'expertise restreint: comme on dit, « Lorsque le seul outil que vous avez est un marteau, chaque problème ressemble à un clou ».
- Les TRÈS mauvais: les conseils **mal guidés ou inappropriés**. C'est le vrai danger parce que vous obtenez des conseils qui seraient excellents *pour quelqu'un d'autre*, mais qui ne *vous* conviennent pas du tout. Au mieux, ces conseils ne sont pas pertinents et ne feront pas grand-chose pour vous, mais au pire, ils pourraient être très coûteux pour vous et votre famille.

Un exemple rapide: Lorsque vous vous êtes incorporé au départ, l'une des premières choses que vous avez faites a été de magasiner un comptable. Pourquoi? Parce que vous avez compris que vous n'étiez plus un employé régulier et que vous aviez de nouvelles responsabilités et exigences. Vous saviez que vous ne pouviez plus vous contenter de vous rendre chez Staples/Bureau en Gros et acheter un logiciel de déclaration de revenus; vous aviez besoin d'un comptable.

Mais avez-vous fait la même mise à jour dans d'autres secteurs?

Si vous êtes comme 95 % des professionnels, vous avez probablement conservé le même conseiller financier que vous aviez en tant qu'employé régulier. Pourquoi? Parce que la perception du besoin d'avoir un nouveau conseiller n'était pas la même. Mais cela ne veut pas dire que le besoin était moins important ou moins urgent.

Et ils vous ont probablement donné les mêmes conseils que lorsque vous étiez un employé: commencez par maximiser votre REER, puis maximisez votre CELI et laissez-le reste dans l'entreprise pour le faire fructifier. Ce sont les conseils que 95 % des consultants indépendants qui viennent nous voir ont reçus. C'est un bon conseil (du moins vous épargnez pour la retraite!), mais ce n'est pas excellent. Bien que la différence entre une « bonne » solution et une « excellente » solution puisse sembler petite sur papier, sur 15 ans, elle pourrait se transformer en 500 000 $ de perte!

Le fait est que ce n'est pas le monde qui a changé: les règles pour les employés réguliers sont les mêmes que lorsque vous en étiez un. C'est votre situation qui a changé. Vous n'êtes plus un employé régulier, vous êtes un consultant indépendant et vous êtes propriétaire d'une entreprise.

Les anciens conseils fonctionneront-ils? La plupart du temps, oui. Mais ils ne sont pas optimisés pour « votre 2.0 ».

Les conseils standards destinés aux employés réguliers fonctionneront pour vous la plupart du temps, mais ils ne sont pas optimisés pour votre situation, et vous manquerez de nombreuses occasions de maximiser vos gains et de réduire votre fardeau fiscal.

Voici ce qui se passe. Finances TI360 n'est pas là pour vous sauver; nous sommes là pour vous faire sauver des impôts. Et il ne s'agit pas d'avoir une seule stratégie brillante. Il s'agit d'apporter plusieurs petites modifications, ajustements et mises à jour, puis de combiner tous leurs effets et de bénéficier de l'effet composé au fil du temps, tout comme les grains de riz sur votre échiquier. De plus, il ne s'agit pas de prendre plus de risques. Il ne s'agit pas d'investir dans la cryptomonnaie ou dans des mines de diamants sud-africaines. Il s'agit de créer une structure dans vos finances.

Vous obtiendrez un meilleur rendement en portant attention à ce qui se passe dans l'environnement financier et en coordonnant ce que vous faites.

En tant que consultant en TI, combien de fois avez-vous commencé un projet pour un client et découvert que peu importe ce que vous avez fait pour essayer de réparer leurs systèmes, les choses démarraient plus lentement chaque jour, les systèmes se plantaient plus souvent, et finalement, ils ont arrêté de fonctionner complètement? C'était inefficace. Finalement, ce qu'ils avaient n'était plus adéquat, et la seule solution viable était une révision totale. Lorsque vous passez d'un employé régulier à une incorporation, vous avez besoin du même niveau de restructuration.

Et ce n'est pas votre faute si vous n'avez pas apporté ces changements. Vous avez fait de votre mieux avec ce que vous saviez et les conseils que vous avez reçus. Personne ne vous a dit que vous deviez changer. La bonne chose est que, tout comme une mise à niveau des systèmes, il n'est jamais trop tard pour faire passer les choses au niveau supérieur.

Les « experts » ne sont pas tous égaux

En qui auriez-vous confiance pour porter un scalpel à votre cerveau?

a) Quelqu'un qui a déjà lu un article du *Reader's Digest* sur la chirurgie cérébrale?

b) Le promeneur de chien du cousin de votre voisin qui a subi une chirurgie cérébrale l'an dernier?

c) Un neurochirurgien

d) Un neurochirurgien qui a effectué 100 fois l'intervention exacte dont vous avez besoin sur des patients comme vous, et qui a écrit un livre sur votre état de santé et sur la façon de le traiter?

Le danger lorsqu'il est question de conseiller est d'être conscient qu'une stratégie à un niveau général est une chose, mais être un expert dans la mise en œuvre en est une autre. Et savoir comment elle va interagir avec les autres stratégies et dans quelle mesure elle aura une incidence sur d'autres stratégies est unique.

Il est facile de supposer que, parce que votre conseiller peut discuter d'une stratégie, il doit être un expert. Mais à quelle fréquence la met-il en œuvre? Si ses activités au jour le jour desservent le marché de la famille, il n'est probablement pas la personne que vous devriez écouter.

Il n'y a rien de plus révélateur que lorsque, à l'issue d'une réunion, un consultant indépendant m'aborde en disant quelque chose du genre: «J'ai soulevé ce point avec mon conseiller, et il est au courant. Il va le mettre en œuvre immédiatement, donc je reste avec lui. »

Quand vous proposez une nouvelle idée à votre conseiller actuel, il est facile de se retrancher dans une posture de manager de tribune, avec le recul nécessaire pour examiner les résultats passés et les faits établis, et conclure que cette idée aurait pu être envisagée au cours des dix dernières années. Mais si votre conseiller était véritablement au fait de cette stratégie, pourquoi ne vous en a-t-il pas parlé plus tôt? Vous avez besoin de conseillers qui font preuve de proactivité, qui se sentent à l'aise avec les incertitudes et les probabilités, et qui ont une vision tournée vers l'avenir: c'est là que se trouve la véritable valeur ajoutée.

Bien sûr, un consultant va parfois nous revenir en disant que son conseiller lui a dit que nous avions tort. Et je comprends: le conseiller ne fait que voir les choses sous l'optique de son expérience. Avez-vous déjà entendu la citation de Confucius: « Celui qui ne peut pas décrire le problème ne trouvera jamais la solution. » Les gens ont tendance à favoriser les idées et les solutions qu'ils connaissent déjà, et ils ne considèrent pas de choses en dehors de leur expérience — des choses qui ne sont pas dans leur boîte à outils si on peut dire.

Rappelez-vous toujours que les conseillers sont aussi des personnes. Lorsque vous leur soulevez un problème, la première chose qu'ils feront est de regarder dans leur boîte à outils — les stratégies qu'ils connaissent bien et qu'ils sont à l'aise de discuter avec leurs clients. Et ils ne considéreront pas nécessairement les outils qui appartiennent à «la boîte à outils d'une autre personne». Travailler avec quelque chose de différent semble nouveau et, pour eux, du moins — potentiellement risqué, comme la première fois où vous prenez le volant d'une voiture de course si vous êtes seulement habitué à conduire une petite voiture familiale.

Il est ardu pour un conseiller d'être un maître dans son propre domaine tout en ayant une compréhension approfondie de tous les aspects du monde financier. Ce dont vous avez réellement besoin, c'est d'une équipe multidisciplinaire d'experts habitués à repousser les limites étroites de leurs spécialités respectives et à travailler de concert.

Trouver de tels experts est un défi en soi, et même une fois réunis, il est difficile de déterminer s'ils sont vraiment les personnes adéquates pour vous. L'harmonisation de cette équipe et la mise en place d'une collaboration productive demandent du temps et des efforts considérables. Je suis bien placé pour le savoir, ayant déjà orchestré cette démarche avec succès pour Finances TI360.

Un bon comptable est notre meilleur allié

Sans grande surprise, l'une des réunions les plus courantes que nous avons est avec le comptable actuel d'un consultant indépendant. Certains d'entre eux, les plus proactifs, sont très à l'aise avec différents produits financiers, même ceux qui ne sont pas dans leur boîte à outils. Ils comprennent instinctivement ce que nous faisons et voient la valeur de notre contribution. Les meilleurs vous diront même ouvertement qu'ils n'offrent pas de produits ou de services financiers. Ils comprennent que nous ne tentons pas de les remplacer; nous voulons autant que possible établir un partenariat avec eux. En fait, la plupart du temps, le comptable de notre client devient notre plus grand supporteur.

Un comptable compétent comprendra immédiatement les principes généraux de nos recommandations: les nuances fiscales, les produits financiers que nous utilisons, ainsi que la stratégie sous-jacente.

Cependant, il existe un autre type de comptable qui peut se sentir menacé par nos propositions, reconnaissant que notre domaine dépasse le leur. Leur réaction instinctive est souvent de minimiser nos idées, semant le doute et l'incertitude dans votre esprit, car notre approche diffère tellement de leur vision du monde.

> Nous avons eu une rencontre avec une cliente potentielle dans la soixantaine, Mary. Elle est consultante indépendante connaissant beaucoup de succès, et travaille dans l'industrie depuis plusieurs années. Elle ne voulait rien faire sans d'abord parler à son comptable. Nous avons alors organisé un appel à trois avec Mary et son comptable.
>
> Le comptable n'était pas un spécialiste des placements ou de l'assurance, mais il était curieux et ouvert d'esprit. Lorsque nous lui avons expliqué ce que nous pourrions faire pour Mary, le comptable a adoré l'idée. En fait, il l'a tellement aimée, que non seulement il a encouragé Mary à signer un contrat avec nous, il a lui-même signé avec nous et a commencé à nous recommander d'autres clients. Voici quelqu'un qui comprend!

Le défi avec les comptables est qu'ils ont souvent une vision à court terme, se concentrant sur les deux années précédentes et les prochaines à venir, plutôt que sur les décennies à venir. Leur expertise se concentre sur les stratégies fiscales liées aux dividendes, à la structure de l'entreprise, adaptées principalement aux propriétaires de commerces traditionnels tels que les magasins, les ateliers de mécanique, ou les fabricants. Bien qu'ils reconnaissent que les règles diffèrent pour les consultants indépendants, ils adoptent souvent une approche trop prudente, ce qui peut entraîner un fardeau fiscal plus élevé que nécessaire pour vous.

De nombreux comptables savent que les règles sont différentes pour les consultants indépendants, mais ils peuvent utiliser une approche trop prudente, ce qui signifie que vous risquez de payer plus d'impôts que ce que vous devriez.

Ainsi, pour minimiser vos impôts et maximiser vos gains, vous avez besoin de conseillers qui apportent une perspective différente avec un ensemble d'outils différent. Mais, ne vous méprenez pas. Je ne prétends pas que nous sommes plus intelligents que vos conseillers actuels. C'est simplement notre spécialité, notre domaine d'expertise quotidien, travaillant avec des milliers de consultants comme vous. Avec une équipe composée de conseillers expérimentés en planification financière, en planification fiscale et en comptabilité, nous avons accès à une variété d'outils et de stratégies. Si une personne manque quelque chose, quelqu'un d'autre dans l'équipe le remarquera. Cette approche multidisciplinaire nous permet également de rester à l'affût des évolutions dans le monde des affaires, partageant les dernières découvertes à travers notre entreprise. Nous recevons ces mises à jour chez Finances TI360 grâce à notre équipe de conseillers expérimentés, ainsi que grâce à notre communauté de consultants indépendants qui partagent et discutent régulièrement de leurs expériences.

Je veux que vous compreniez que je ne suggère pas que vos conseillers cherchent délibérément à vous tromper ou à vous mentir. En fait, vos conseillers ont tous de bonnes intentions et vous fournissent les meilleurs conseils possibles en fonction des informations que vous leur fournissez. Cependant, il est possible qu'ils ne sachent pas toujours quelles questions poser (car ils ont l'habitude de travailler avec des employés plutôt qu'avec des entreprises) ou comment interpréter les réponses que vous leur fournissez (car elles diffèrent souvent de celles qu'un client régulier fournirait).

N'essayez pas cela à la maison, les enfants!

Vous pensez probablement que vous pourriez faire tout cela par vous-même. Après tout, vous êtes une personne éduquée. Vous pourriez trouver un conseiller fiscal, un comptable, un courtier d'assurance et un conseiller en placement qui travaillent exclusivement avec des professionnels indépendants, puis essayer de rassembler tous les renseignements qu'ils vous donnent.

Pensez à cela comme à la préparation d'un gâteau avec plusieurs personnes qui vous donnent des idées d'ingrédients. Quelqu'un vous dit de mettre des bleuets, un autre veut de l'orange. Quelqu'un d'autre veut du beurre d'arachides, et peut-être que vous aimez le citron.

Ce sont tous de délicieux ingrédients en soi, et il y a de nombreux merveilleux gâteaux qui peuvent être préparés avec ces ingrédients. Vous pourriez donc les mettre dans le mélange et voir le genre de gâteau que vous obtiendriez.

Vous pourriez aussi travailler avec une personne qui peut parcourir cette liste d'ingrédients possibles et vous dire quelles combinaisons fonctionnent bien, la combinaison qui aura mauvais goût, ce qui vous fera ballonner, et même ce qui empêchera le gâteau de lever.

C'est ce que nous faisons pour vos finances: nous vous expliquons comment tous les ingrédients d'une stratégie de placement se combinent, ce qui fonctionne bien ensemble et comment chaque élément affecte les autres. C'est ce que nous appelons notre « Politique d'investissement corporative », et elle distingue Finances TI360 des autres conseillers avec lesquels vous avez peut-être travaillé. Alors, voyons comment cela fonctionne.

Chapitre 2

Politique d'investissement corporative

La meilleure façon de minimiser l'imposition est de permettre à votre argent de s'accumuler dans l'entreprise et de ne retirer que ce dont vous avez besoin pour couvrir vos frais de subsistance. Tout le reste demeure au sein de l'entreprise, donc vous pouvez profiter des occasions de placement et des allègements fiscaux dont les entreprises bénéficient. Votre Politique d'investissement corporative régit la façon dont vous allez construire votre actif financier à chaque phase de votre vie professionnelle, à partir du moment où vous commencez à travailler avec nous jusqu'à ce que votre succession soit réglée. Elle détermine le montant que vous investirez et le moment où vous le ferez, les classes d'actifs que vous utiliserez, le ratio entre elles, l'ordre dans lequel vous ferez des dépôts et des retraits, et tous les autres aspects de la gestion de vos investissements et de l'élaboration d'un portefeuille entièrement diversifié.

Votre plus grand actif commercial (n'est pas celui auquel vous pensez)

Avant de plonger dans les détails d'une Politique d'investissement corporative, je souhaite soulever un point souvent négligé par la plupart des consultants indépendants. C'est une pierre angulaire sur laquelle repose tout le reste de votre entreprise: votre capacité à générer des revenus.

Sans la capacité de gagner de l'argent, il n'y a pas de richesse à faire fructifier au sein de votre entreprise, et donc, pas d'entreprise du tout. C'est pourquoi l'une de mes premières vérifications auprès d'un nouveau client concerne l'existence d'une couverture d'invalidité. Et si elle fait défaut, nous avons une entente avec une grande institution financière pour offrir une couverture à un tarif substantiellement réduit par rapport au marché. Contrairement aux autres formes d'assurance discutées avec mes clients, l'assurance invalidité n'a pas pour but d'optimiser la fiscalité ou de favoriser la croissance des placements. Elle est uniquement axée sur la protection, et cela revêt une importance cruciale. C'est pourquoi nous en parlons en priorité.

Lorsque vous achetez une assurance invalidité, il est préférable de le faire à titre personnel plutôt que par le biais de l'entreprise. De cette manière, les paiements que vous recevez en cas d'invalidité sont exempts d'impôt, réduisant ainsi le besoin d'une couverture plus importante. De plus, il convient de noter que la couverture d'invalidité est également prise en compte par l'ARC lors de l'évaluation de votre statut fiscal en tant que consultant indépendant.[1].

Maintenant que nous avons abordé les raisons pour lesquelles il est essentiel de protéger votre capacité à gagner de l'argent, examinons votre Politique d'investissement corporative (et ici, je vais utiliser le mot « politique » pour vous référer aux règles et normes que vous

---

[1] Pour garantir l'actualité et la fiabilité de nos sources d'information et pour recevoir la documentation étayant nos propos, contactez-nous à marketing@financesti360.com pour obtenir nos références.

avez établies vous-même afin de régir la manière dont vous faites vos investissements).

Nous structurons votre Politique d'investissement corporative en fonction de trois piliers.

1. Protéger et augmenter votre valeur nette.
2. Établir votre propre régime de retraite.
3. Structurer un portefeuille de placements fiscalement avantageux.

Protéger et augmenter votre valeur nette

Le premier pilier de votre Politique d'investissement corporative génère une croissance des investissements fiscalement avantageuse tout en vous permettant d'absorber les chocs sur les marchés financiers. L'objectif est d'éliminer le besoin d'avoir des placements à revenus fixes à faible rendement dans votre portefeuille. Nous nous concentrons plutôt sur les produits à faible risque, dont le rendement est plus élevé, mais imposés à un taux inférieur. Comme l'objectif est de protéger la richesse, vous ne serez probablement pas surpris lorsque je vous dis que nous utilisons des produits d'assurance pour cela. Ce qui pourrait être plus surprenant, c'est que nous utilisons l'assurance dans le but *d'accroître* votre richesse.

Habituellement, lorsque je discute d'assurance avec un client potentiel, aucune étincelle n'apparait dans ses yeux. Ce n'est pas un sujet excitant pour la plupart des gens. Et qui peut les blâmer? Lorsque les gens pensent à l'assurance, ils pensent probablement à la protection, et non aux rendements financiers.

L'un des changements les plus utiles que vous pouvez apporter dans votre réflexion financière est votre attitude envers l'assurance et la façon dont elle est utilisée. Si vous êtes habitué à y penser en termes de protection, comme la plupart des gens, vous payez probablement quelques milliers de dollars par année en primes sur différentes polices. Mais vous n'êtes pas comme les autres: vous êtes un consultant indépendant et propriétaire d'entreprise. Alors, vous devez vous demander: « Comment puis-je utiliser l'assurance *autrement*? »

L'assurance est un investissement et non une dépense

Si je vous avais suggéré de mettre 20 000 $, 30 000 $ ou même 50 000 $ dans votre police, vous m'auriez probablement dit que j'étais fou. C'est parce que vous pensez toujours à l'assurance comme une protection, et non comme un investissement pour vous aider à atteindre vos objectifs financiers plus rapidement. Après tout, auriez-vous un problème si je vous suggérais d'investir le même montant dans des placements à revenu fixe ou une rente de retraite?

En ce qui concerne l'assurance, la plupart des gens se concentrent sur deux choses:

1. Quel est le niveau minimal absolu de couverture dont ils ont besoin?
2. Comment peuvent-ils réduire leurs primes?

C'est la mentalité d'un <u>employé régulier</u>. Cependant, en tant que propriétaire d'entreprise, vous devez comprendre qu'il existe de nombreuses façons d'utiliser l'assurance dans une entreprise, à votre avantage. En fait, dans le contexte des entreprises, les produits d'assurance sont imposés très favorablement. Ainsi, les produits d'assurance appropriés peuvent être l'un des meilleurs moyens de vous protéger, vous et votre famille, et, en même temps, d'optimiser vos rendements financiers tout en minimisant l'impôt que vous payez sur vos gains.

De nombreux conseillers financiers ne tiennent pas compte de cette façon d'utiliser l'assurance; ils la considèrent comme une façon de vous protéger contre les risques. Chez Finances TI360, nous nous assurons que nos clients souscrivent suffisamment à l'assurance pour couvrir les imprévus. Cependant, nous cherchons également des occasions d'utiliser l'assurance comme un investissement avantageux sur le plan fiscal. Lorsque vous l'utilisez de cette façon, comme je l'ai mentionné précédemment, elle se comporte beaucoup comme une obligation à revenu fixe, mais avec un taux de rendement beaucoup plus élevé et plus prévisible.

Bien sûr, certaines personnes n'aiment pas prendre des engagements à long terme. Mais vous n'auriez pas de problème à vous engager à cotiser à un REER. Et si vous participiez à un régime de retraite d'entreprise, vous n'auriez pas le choix: votre employeur vous dirait simplement: « Nous prélevons 8 % de votre salaire et nous le mettons dans votre régime de retraite. » La clé est de ne pas considérer les paiements que vous faites dans votre police comme une prime (c'est-à-dire un coût). Considérez-les plutôt comme une *contribution* (à un placement), tout comme des versements dans un régime de retraite.

Paradigme brisé no. 1: Obligations à revenu fixe pour gérer le risque.

Imaginez un consultant, nous l'appellerons Jim, qui détient un portefeuille de 250 000 $. S'il est comme la plupart des gens, cet argent sera investi dans ce que nous appelons un portefeuille de « croissance »: 30 % en placements à revenu fixe (habituellement des obligations) et 70 % en actions. Le problème des obligations est que, bien qu'elles soient prévisibles, les rendements sont très bas et imposés à 50 %. Donc, Jim fait très peu d'argent sur ces placements, et le gouvernement prend la moitié du gain qu'il réalise. Pour sortir de ce paradigme brisé, Jim a besoin de quelque chose qui ressemble à un placement à revenu fixe, qui agit comme un placement à revenu fixe, mais qui n'en est pas un.

Le rôle de ces placements à revenu fixe dans le portefeuille de Jim est l'atténuation des risques. Nous avons donc besoin de produits à faible risque financier. En utilisant l'assurance plutôt que les obligations, nous pouvons fournir à Jim un produit qui, en plus de représenter un risque plus faible, offre aussi un taux de rendement plus élevé, qui le protège contre les imprévus et qui lui offre un moyen de retirer efficacement les bénéfices non répartis de l'entreprise de manière fiscalement avantageuse, ce que j'appelle la Défiscalisation des bénéfices non répartis.

Bien entendu, si vous avez l'habitude de considérer l'assurance comme une dépense, vous vous demandez probablement comment elle crée un rendement. Tout s'explique par le traitement fiscal des différents produits, et ces différences peuvent vous donner 3x à 5x plus de « revenus » qu'un investissement régulier à revenu fixe. Ainsi, chez Finances TI360, nous considérons l'assurance comme un élément clé de la planification financière d'une société, et nous l'utilisons pour la minimisation et l'étalement de l'impôt, et pas seulement pour la protection. En fait, nous utilisons deux produits spécifiques. Le premier est notre Placement successoral retraite (PSR), une police d'assurance-vie très ingénieuse conçue pour les propriétaires d'entreprise, et le deuxième est une police d'assurance contre les maladies graves tout aussi ingénieuse que nous appelons le Régime exécutif de santé (RES).

Le Placement successoral retraite

Comme je l'ai mentionné plus haut, le Placement successoral retraite est une police d'assurance-vie qui n'est pas souscrite par vous, mais par l'entreprise. Le Placement successoral retraite est un exemple parfait qui démontre que Finances TI360 pense toujours à l'avenir et à l'incidence que vos ententes financières actuelles auront sur la retraite et à votre décès.

Il y a trois avantages majeurs à la mise en place d'un Placement successoral retraite, comme nous le faisons.

1. D'abord, il s'agit d'une police d'assurance-vie, alors elle est là pour protéger votre famille si vous deviez décéder prématurément.
2. Le Placement successoral retraite est là pour générer un revenu stable de façon avantageuse sur le plan fiscal lorsque vous prenez votre retraite (dans ce que nous appelons la phase de retrait, sur laquelle vous lirez plus tard).
3. Lorsque vous décédez, il garantit qu'il y aura de l'argent disponible pour payer les impôts sur tout transfert intergénérationnel de richesse (ce dont nous discuterons à nouveau avec la phase de succession).

Donc, si vous décédez tôt, votre famille est prise en charge. Mais si ce n'est pas le cas, vous n'avez pas gaspillé l'argent que vous avez versé dans le Placement successoral retraite: vous le retirez comme un revenu régulier lorsque vous prenez votre retraite. Nous avons donc conçu le Placement successoral retraite d'une telle manière qu'il vous restera encore assez d'argent lorsque vous irez finalement sur le grand terrain de golf (ou au club de Yacht ou autre), au ciel pour vous assurer que votre famille pourra payer les impôts exigibles sur le transfert à votre succession. Il offre donc un excellent rendement sur le capital investi pour quelque chose que la plupart des conseillers financiers ne considéreraient pas comme un investissement!

Le régime de retraite successoral protège votre famille si vous décédez et fournit un revenu stable et rentable si vous ne décédez pas.

Vous en apprendrez davantage sur le Placement successoral retraite plus loin dans le livre. Pour l'instant, examinons l'autre produit de ce pilier, votre Régime exécutif de santé.

Le Régime exécutif de santé

La deuxième stratégie est le Régime exécutif de santé (RES): vous payez une prime annuelle pour un nombre fixe d'années, et si vous recevez un diagnostic de maladies graves au cours de cette période, la police verse un montant forfaitaire exempt d'impôt à l'entreprise.

> Une de nos clientes avait 38 ans lorsqu'elle a reçu un diagnostic du cancer de l'ovaire. Heureusement, elle avait souscrit au Régime exécutif de santé, ce qui lui a permis d'arrêter de travailler. Elle a immédiatement reçu un montant de 500 000 $ dans son entreprise et un paiement personnel mensuel de sa couverture d'invalidité, exempt d'impôt.

C'est l'aspect protection du produit, mais comme je l'ai dit, il est difficile de s'enthousiasmer à propos de la protection. Alors, pourquoi est-ce que je suis si passionné par cette stratégie? En raison de la façon dont les primes sont imposées et ce qui se passe si vous *ne faites pas* de demande de réclamations.

Imaginez que votre entreprise souscrit un RES de 15 ans qui vous versera 1 million de dollars si vous tombez malade, avec une cotisation annuelle de 30 000 $. C'est un montant total de 450 000 $ investi sur la durée du régime. Toutefois, chaque année, seulement une partie de cette cotisation est traitée comme un avantage imposable, et est ajoutée à votre revenu imposable personnel. Le reste n'entraîne aucune obligation fiscale supplémentaire. Et si vous restez en bonne santé, à la fin des 15 années, le plein montant de 450 000 $ vous sera versé personnellement sans impôt supplémentaire à payer.

Si, au lieu de cela, vous décidiez simplement de retirer 30 000 $ de la société chaque année à titre de revenu personnel, tout cela serait imposable à votre taux marginal d'imposition. Donc la question est: voulez-vous payer de l'impôt sur le montant total de 450 000 $? Ou préférez-vous une stratégie plus avantageuse sur le plan fiscal où l'entreprise paie un tiers pour vous protéger en cas de maladie grave, et seule une partie de la prime est considérée comme un avantage imposable?

En raison de la structure du produit que nous utilisons dans votre RES, c'est précisément ce qu'il fait pour vous. Votre Régime exécutif de santé est souscrit pour une durée précise. Si vous ne faites pas de demande de règlement, alors à la fin de cette période, tout l'argent que l'entreprise a payé dans la police vous revient *personnellement* sans autre incidence fiscale. C'est pour cette raison que dans l'exemple ci-dessus, à la fin des 15 ans, l'assureur vous paierait (et non votre entreprise) 450 000 $ sans autre impôt à payer.

Maintenant, vous pouvez aussi considérer l'épargne fiscale sur vos primes comme un profit, et c'est à ce moment que la police commence à agir comme un placement à revenu fixe. Mais si vous aviez simplement conservé cet argent dans l'entreprise et l'aviez investi, vous auriez dû payer l'impôt sur les gains, et lorsque vous auriez retiré l'argent de l'entreprise, vous auriez également payé l'impôt sur ce montant.

Bien sûr, cette stratégie pose un défi. Les autres stratégies discutées dans ce livre sont offertes à tous, à condition qu'elles répondent aux exigences pertinentes. Vous signez les documents et tout est en place. Toutefois, cette assurance est liée à votre santé. Donc, si vous avez des problèmes de santé préexistants, les modalités exactes que vous obtiendrez dépendront de l'offre qu'un assureur est prêt à faire. C'est pourquoi vous avez besoin du bon conseiller qui peut examiner l'ensemble de la situation et décider exactement quelles stratégies mettre en place en fonction de votre situation personnelle.

Établir votre propre régime de retraite

Le deuxième pilier de votre Politique d'investissement corporative consiste à établir votre propre régime de retraite. La plupart des propriétaires de petites entreprises ne savent pas qu'au Canada, même la plus petite entreprise peut mettre en place un régime de retraite des employés comme les grandes entreprises, et les cotisations de l'entreprise sont des frais déductibles.

> *Au Canada, même la plus petite entreprise peut mettre en place un régime de retraite des employés comme les grandes entreprises, et les cotisations de l'entreprise sont des frais déductibles.*

Alors, pourquoi tous les propriétaires de petites entreprises ne créent-ils pas un régime de retraite d'entreprise? Parce que la mise en place à partir de zéro et la gestion sont compliquées et coûteuses. Vous devez embaucher des avocats, des actuaires et des gestionnaires de fonds. C'est pourquoi Finances TI360 s'est plutôt associée à l'un des plus importants fournisseurs de régimes de retraite au Canada pour créer un produit appelé le Régime de retraite exécutif, qui rend le processus aussi facile et sans tracas que possible. Au lieu de devoir embaucher une équipe pour gérer votre régime, nous le mettons en place, le surveillons, et nous travaillons avec votre comptable pour que tout soit correctement déclaré à l'ARC (afin que vous puissiez profiter des avantages fiscaux).

Régime de retraite exécutif vs REER

Les employés salariés peuvent cotiser à un REER, mais cela comporte plusieurs inconvénients et limites par rapport à un Régime de retraite exécutif. Premièrement, vous ne pouvez jamais cotiser plus de 18 % de votre salaire dans votre REER. Deuxièmement, les gestionnaires de fonds facturent des frais pour l'administration de votre REER, habituellement jusqu'à 2,25 %, et ces frais sont assujettis à la taxe de vente et ne constituent pas des frais déductibles.

Dans le cas d'un régime de retraite d'entreprise (incluant le Régime de retraite exécutif), la situation est très différente. Commençons par ces frais d'administration: pour une entreprise, ces frais ne sont pas assujettis à la taxe de vente, et ils constituent des frais déductibles. Donc, vous économisez immédiatement de l'argent comparativement à un employé salarié ayant un REER. Plus important encore, vous pouvez verser des cotisations beaucoup plus élevées si vous le souhaitez. Au lieu d'être plafonné à 18 %, votre plafond de cotisation augmente avec votre âge, jusqu'à concurrence de 30 % de votre salaire. Ainsi, votre fonds de pension peut s'accumuler beaucoup plus rapidement qu'un REER.

Et si vous êtes en affaires depuis un certain temps, vous n'avez pas à manquer cette opportunité: vous pouvez « racheter » des années de service à partir de la date d'incorporation en effectuant des paiements pour les années que vous avez « manqué ». Donc, si vous avez accumulé beaucoup d'argent dans l'entreprise et que vous vous demandez comment l'utiliser de façon efficace sur le plan fiscal, vous pourriez avoir une occasion de rachat qui vous permet d'investir un montant forfaitaire dans les six chiffres dans votre Régime de retraite exécutif dans le but de minimiser l'impôt.

> *Si vous avez des liquidités excédentaires dans votre entreprise, vous avez peut-être la possibilité de les investir de manière rentable sur le plan fiscal en « rachetant » les années à partir de la date de votre incorporation.*

Comment cela fonctionne

À première vue, un Régime de retraite exécutif ressemble et agit comme les régimes de retraite privés que les grandes entreprises exploitent pour leurs employés. Il y a un montant d'argent réservé en votre nom dans lequel votre entreprise cotise, et duquel vos prestations seront versées au moment de votre retraite. Toutefois, en coulisses, il est géré collectivement avec tous nos autres consultants indépendants partout au Canada qui ont également un Régime de retraite exécutif. Cela signifie que le fournisseur de régimes de retraite nous traite comme une grande entreprise comptant des milliers de participants à notre régime de retraite, et nous accorde des rabais et des frais moins élevés.

Si vous avez déjà un REER, nous pouvons également le transférer dans le Régime de retraite exécutif pour que vous puissiez bénéficier de frais déductibles (pour qu'il puisse croître encore plus rapidement). De plus, si vous avez déjà des droits de cotisation inutilisés à un REER, nous pouvons les utiliser dans votre Régime de retraite exécutif en effectuant une cotisation volontaire (CV), un paiement discrétionnaire effectué par l'entreprise qui vous permet d'utiliser vos droits de cotisation inutilisés à un REER. Une fois que le Régime de retraite exécutif est mis en place, il utilise automatiquement le maximum admissible à votre REER chaque année, donc vous n'avez pas à vous en préoccuper. En bonus, il y a le portefeuille derrière ce plan. Plus tôt, j'ai décrit le portefeuille de croissance type: 30 % de revenu fixe et 70 % d'actions. La plupart des portefeuilles REER et des régimes de retraite plus génériques comprennent une combinaison d'investissements très similaires. Les placements à revenu fixe seront une combinaison d'obligations du gouvernement canadien, d'obligations d'entreprise et peut-être de bons d'États étrangers. Sur le plan des actions, ils auront un mélange semblable d'actions canadiennes et américaines et peut-être quelques investissements dans les marchés émergents.

Au cours des 15 à 20 dernières années, un bon gestionnaire de fonds REER avait de la chance s'il obtenait un rendement annuel moyen de 7 % avec ce type de portfolio. Au cours de la même période, les gestionnaires des plus importants fonds privés de retraite — les enseignants de l'Ontario ou toute autre grande entreprise ayant un régime de retraite des employés, par exemple — ont généralement obtenu un rendement de plus de 9 %. Alors, un 2 % de plus peut sembler petit, mais n'oubliez pas l'effet composé. Si vous avez commencé avec un montant forfaitaire d'investissement de 100 000 $, alors après 15 ans de croissance à 7 %, votre fonds serait d'une valeur de tout près de 276 000 $. Par contre, à 9 % par année, ce même investissement vaut un peu plus de 364 000 $ (88 000 $ de plus) grâce à l'effet composé.

Pourquoi les gestionnaires de ces gros fonds de pension peuvent-ils obtenir des rendements plus élevés? Ils ne sont pas nécessairement plus intelligents que les gestionnaires de REER. Ils ont tout simplement accès à des placements auxquels les REER n'ont pas accès. Si vous deviez examiner les portefeuilles de ces grands régimes de retraite privés, vous trouveriez qu'en général 35 à 45 % du fonds est investi dans ce qu'on appelle des « investissements non tradition-nels » comme de grands projets d'infrastructure, des prêts privés, des propriétés commerciales, des terres agricoles, etc. Si vous essayiez de mettre en place un régime de retraite privé par vous-même, vous n'auriez pas plus accès à ces placements non traditionnels à rende-ment élevé. Vous vous retrouveriez avec le même type de portefeuille que les gestionnaires de REER. Par contre, le Régime de retraite exécutif ouvre la porte à ces investissements.

Mais même si nous ignorons les placements non traditionnels, si nous comparons deux personnes ayant les mêmes revenus imposables, l'une cotisant le montant maximum admissible à un REER tout au long de sa vie professionnelle et l'autre cotisant le montant maximum admissible dans un Régime de retraite exécutif, le détenteur du Ré-gime de retraite exécutif est plus avantagé en raison du traitement fiscal favorable dont leurs régimes bénéficient.

Imaginez des jumeaux identiques, Jim et Mike. Ils sont allés à la même université, et après avoir obtenu leur diplôme, ils sont tous deux devenus des consultants indépendants. Ils ont tous les deux commencé à se préparer à la retraite en même temps, mais Jim a mis en place un REER et l'a maximisé par pure ignorance, alors que Mike a placé son argent dans un Régime de retraite exécutif.

Supposons maintenant que Jim et Mike sont identiques à tous les autres égards: ils ont le même niveau de tolérance au risque, leurs coûts de vie sont similaires, et leur taux de rendement des inves-tissements est identique.

Au moment où ils atteindront l'âge de la retraite, le portefeuille de retraite exécutif de Mike vaudra au moins le double de la va-leur du portefeuille de REER de Jim. Et cela n'a rien à voir avec le rendement financier: tout est en lien avec les avantages fiscaux qu'offre un Régime de retraite exécutif par rapport à un REER.

Il n'est pas inhabituel qu'un Régime de retraite exécutif ait une valeur deux fois supérieure à celle d'un REER dans ces circonstances. Pourquoi? Parce que le plafond de contribution plus élevé dans un Régime de retraite exécutif vous permet de mettre plus d'argent dans le fond (pour le faire fructifier plus rapidement), et vous économisez de l'argent en frais et en impôts. Pour chaque dollar que vous mettez dans votre Régime de retraite exécutif, les déductions fiscales sur les cotisations à elles seules correspondent à un rendement sur investissement de 12 % en Ontario et de 20,5 % au Québec (les pourcentages des autres provinces varieront, mais ils représenteront toujours un taux de rendement plus élevé, peu importe où vous habitez). Et à mesure que le montant dans le régime augmente, l'impôt sur cette croissance est reporté jusqu'à ce que vous retiriez l'argent, tout comme un REER.

Une fois que vous aurez pris en compte les rendements plus élevés provenant de placements non traditionnels, il n'est pas inhabituel que le fonds du Régime de retraite exécutif devienne trois fois plus gros que ce que serait le fonds du REER. Donc, si vous prévoyez prendre votre retraite avec un fonds REER de 500 000 $, vous pourriez obtenir 1 500 000 $ dans un Régime de retraite exécutif pour financer votre retraite. C'est pourquoi, chaque fois qu'un client me demande: « Éric, devrais-je cotiser à un Régime de retraite exécutif? », la réponse est « Oui »!

Avec un Régime de retraite exécutif, vous aurez accès à un instrument de placement:

1. accordant une limite de cotisation croissante à mesure que vous vieillissez;
2. bénéficiant d'un traitement fiscal avantageux;
3. vous donnant accès à des placements à rendement plus élevé;

4. avec des frais déductibles d'impôt, et qui ne sont pas assujettis à la taxe de vente.

Pourquoi ne voudriez-vous pas en profiter?

À ce stade, vous vous dites probablement: « Mais Éric, tu m'as dit que vous n'utilisez pas de produits qui ne sont pas offerts par d'autres conseillers. Maintenant tu dis qu'il y a un produit secret appelé Régime de retraite exécutif que personne d'autre ne peut me vendre! » Voici ce qui se passe. Vous n'avez peut-être pas entendu parler d'un Régime de retraite exécutif, mais vous avez peut-être entendu parler d'un régime de retraite individuel (RRI). De nombreux comptables et conseillers financiers détestent les RRI parce qu'ils sont complexes à mettre en place et coûteux à exploiter: vous avez besoin d'une fiducie, d'un gestionnaire financier et d'un actuaire. Avant de devenir conseiller financier, mon père avait un RRI, alors j'ai pu constater par moi-même à quel point ils sont difficiles à mettre en place et à gérer. C'est pourquoi je savais que j'avais besoin de quelque chose de plus simple pour mes clients.

À première vue, un Régime de retraite exécutif ressemble beaucoup à un RRI: ce sont deux façons de créer votre propre régime de retraite. De plus, les frais de gestion des RRI sont déductibles comme un Régime de retraite exécutif (et contrairement à un REER). Cependant, en les regardant de plus près, les deux sont *très* différents.

Le Régime de retraite exécutif regroupe la gestion du régime sous un même toit, alors au lieu de tout gérer vous-même (ou de demander à votre comptable de le faire), il est administré en votre nom par l'un des plus importants groupes de régimes de retraite du Canada. Donc, vous n'avez pas besoin d'un actuaire, d'un gestionnaire de fonds interne ou d'une fiducie. Bien sûr, votre comptable aura encore du travail à faire, mais parce que nous avons fait cela si souvent, nous avons créé un ensemble d'instructions du genre «peinture par numéros» pour eux, ce qui élimine les tracas administratifs qui auraient pu les déranger par le passé, et nous avons une équipe interne spécialisée qui travaille uniquement sur le Régime de retraite exécutif pour nos clients.

Le Régime de retraite exécutif répond également à un bon nombre des faiblesses d'un RRI du point de vue de l'entrepreneur. Par exemple, un des principaux inconvénients des RRI est que le meilleur moment pour en mettre un en place se situe entre 45 et 55 ans: si vous êtes à l'extérieur de cette plage, vous ne pouvez pas faire grand-chose. Par contre, vous pouvez mettre en place un Régime de retraite exécutif à n'importe quel âge, et comme je l'ai mentionné plus haut, faire du rattrapage à partir de la date où vous avez incorporé votre entreprise.

Devriez-vous placer votre argent dans un REER ou un Régime de retraite exécutif (RR-E)?

Voulez-vous maximiser votre régime de retraite? Un REER est-il vraiment votre meilleure option? Nous avons créé un calculateur en ligne pour comparer votre valeur nette potentielle à l'âge de 65 ans après avoir investi dans un REER par rapport à un Régime de retraite exécutif (RR-E).

Découvrez la différence de rendement entre le REER et le RR-E en répondant à ces 2 questions rapides.

https://consultant.financesti360.com/fr/#comparer-reer-vs-rre

Structurer un portefeuille de placements fiscalement avantageux

Le troisième pilier de votre Politique d'investissement corporative consiste à investir dans une structure fiscalement avantageuse soigneusement conçue que nous appelons un Portefeuille corporatif. Cela représente l'argent qui n'est pas investi à long terme dans votre régime de retraite ou vos assurances. Il est donc disponible pour tous les projets qui se présentent (acheter une maison de vacances, faire la croisière d'une vie, acheter un bateau ou autre), pour des événements marquants comme payer pour que vos enfants puissent aller à l'université ou en cas d'urgence.

Vous n'avez cependant pas à laisser cet argent dans un compte bancaire simplement parce que vous ne savez pas quand vous en aurez besoin. Cet argent-là sera plutôt investi afin de pouvoir travailler pour vous et fructifier.

J'ai déjà mentionné qu'un « portefeuille de croissance » standard comprend 30 % d'investissements à revenu fixe et 70 % d'actions. Cependant, lorsqu'il s'agit d'investir votre argent, nous n'allons pas consacrer 30 % de celui-ci à des obligations et payer 50 % d'impôts sur le peu d'argent que vous en retirerez.

La clé est de traiter toutes les sommes dans votre entreprise comme un énorme portefeuille. Si vous avez investi dans les deux premiers piliers, vous avez déjà de l'argent investi dans des solutions qui agissent comme des placements à revenu fixe: l'assurance dans le premier pilier et votre Régime de retraite exécutif dans le second. Ceux-ci contribuent à gérer la volatilité de votre portefeuille global, ce qui signifie que nous pouvons nous concentrer davantage sur la croissance grâce à notre approche de placement dans le portefeuille de l'entreprise tout en maintenant l'équilibre global entre le risque et le rendement.

Dans votre portefeuille corporatif, nous investissons principalement dans des actions, ce qui générera des gains en capital. Contrairement aux autres revenus, seulement 50 % d'un gain en capital est imposé à un taux standard de 50 %. Donc, nous payons déjà moins d'impôt qu'en investissant dans des obligations.

Le problème pour la plupart des investisseurs corporatifs, est que si vous détenez des actions directement, dans ce que l'on appelle un portefeuille ouvert, certains gains ne bénéficient pas tous de ce traitement avantageux. Si vous détenez directement des actions d'entreprise étrangère, disons Microsoft ou Alibaba, les gains ne sont pas seulement imposés à 50 % de 50 %. En fait, vous pouvez finir par payer autant que 68 % d'impôt sur ces actions (au final une fois dans vos mains personnelles).

Pour y arriver, nous créons ce qui est connu comme un portefeuille de catégorie entreprise. Au lieu d'investir directement, nous plaçons votre argent dans une société de gestion de fonds canadienne qui détient des investissements dans des sociétés étrangères à forte croissance. De cette façon, vous profitez des avantages de ces investissements étrangers, mais du point de vue fiscal, votre argent est investi dans une entreprise canadienne, vous êtes donc admissible au régime d'impôt sur le gain en capital le plus faible.

La structure vous permet également de bénéficier de gains en capital canadiens différés, même si vous investissez dans les marchés émergents ou d'autres entreprises étrangères. Autrement dit, vous n'avez pas à payer d'impôt sur vos gains avant d'avoir besoin de retirer l'argent.

Voici à quoi cela ressemble. Imaginez que vous avez investi 50 000 $ chaque année pendant trois ans, et durant cette période, la valeur de votre portefeuille a augmenté à 200 000 $, soit un gain de 50 000 $. Pendant que le montant s'accumule, vous n'avez pas à payer d'impôt personnel ni dans l'entreprise.

Maintenant, disons qu'une situation se présente et que vous devez tout retirer, peut-être que vous voulez acheter un chalet. Pour ce faire, les investissements dans le portefeuille devront être vendus, et lorsque vous le faites, les gains seront « cristallisés » et les impôts cessent d'être reportés.

L'entreprise ne paie aucun impôt sur la première tranche de 150 000 $ du revenu parce qu'il s'agissait de l'investissement initial. Le reste de l'argent, soit 50 000 $, est le gain en capital, et comme je l'ai mentionné ci-dessus, l'entreprise paiera 50 % d'impôt sur 50 % du gain. Donc, l'Agence du revenu du Canada reçoit 12 500 $, ce qui laisse 187 500 $ à retirer dans votre compte personnel.

Pour effectuer ce retrait, vous pouvez tout d'abord vous payer la moitié du gain (25 000 $) libre d'impôt. Cela vous laisse 162 500 $ que vous déclarez comme dividendes sur lequel vous payez l'impôt sur le revenu personnel à votre taux marginal.

Avez-vous tout mis en place?

Si ce que vous venez tout juste de lire vous fait tourner la tête, voici une brève évaluation que vous pouvez faire pour vous-même.

Est-ce que l'un des énoncés suivants est vrai?

- ☐ Vous versez le maximum de cotisations à un REER chaque année.
- ☐ Vous n'avez pas de Régime de retraite exécutif en place.

- ☐ Vous vous versez des dividendes plutôt qu'un salaire
- ☐ Vous vous versez un salaire plus élevé que ce dont vous avez besoin et mettez le reste dans un CELI.
- ☐ Vous avez régulièrement plus de 20 000 $ dans votre compte bancaire personnel à la fin de l'année.
- ☐ Vous n'utilisez pas de stratégies d'assurance au sein de l'entreprise.

Si vous avez répondu « oui » à l'une de ces questions, vous pourriez réduire votre richesse globale et payer plus d'impôt que vous ne le devriez.

Combien d'argent devriez-vous mettre dans chaque pilier?

Nous avons donc vu que votre Politique d'investissement corporative comporte trois piliers:

1. Protection et augmentation de votre richesse personnelle grâce à un Placement successoral retraite PSR et à un Régime exécutif de santé RES
2. Préparation à la retraite avec un Régime de retraite exécutif
3. Structuration de vos placements de manière efficace sur le plan fiscal dans un portefeuille corporatif.

Cela nous amène une question fondamentale: combien d'argent devriez-vous consacrer à chaque pilier? Pour ce faire, nous avons créé un système qui analysera chaque décision financière que vous devez prendre, et qui vous indiquera les répercussions sur votre impôt actuel, l'impôt que vous devrez payer à l'avenir et la valeur de votre portefeuille financier. Il est donc temps d'introduire quelque chose que nous aimons appeler tout simplement « L'Outil NEURONE ».

Mais tout d'abord, jetons un coup d'œil à ces idées mises en pratique avec l'un de nos clients.

Évaluer vos finances n'est pas une tâche simple, à moins de savoir exactement ce que vous faites. Comme les erreurs peuvent être coûteuses, il est préférable d'obtenir le regard d'une personne expérimentée sur vos affaires, afin de recevoir des conseils et des suggestions personnalisés.

Pour planifier une rencontre avec l'un de nos conseillers qui saura vous guider pour prendre la meilleure décision. Numérisez le code ou cliquez sur le lien pour planifier votre rencontre, elle est sans frais.

https://consultant.financesti360.com/fr/#prendre-rendez-vous

Aux commandes: Matt Gervais

Pour Matt Gervais, le contrôle est une force directrice. Il est devenu consultant afin de prendre le contrôle de son travail, et en travaillant avec Finances TI360, il contrôle son avenir financier.

Je suis consultant indépendant auprès de ma propre société d'experts-conseils. Il n'y a qu'un seul employé: moi. Je travaille principalement avec le gouvernement fédéral du Canada pour les aider à mettre en œuvre des services d'infonuagiques, en particulier à l'aide des outils Microsoft — Office 365, Dynamics 365 et MS Power Platform — afin d'améliorer la productivité des ministères, et de desservir les Canadiens de la manière la plus efficace possible.

J'ai débuté ma carrière dans les solutions informatiques en tant qu'employé de Bell Canada, puis je me suis joins à la Division solutions et services de Microsoft Canada. Je pouvais voir que le gouvernement fédéral s'orientait vers les services infonuagiques publics, et que Microsoft était le seul à prendre la majeure partie de ce projet. Mais je me suis rapidement rendu compte qu'il y avait un écart important entre l'endroit où se situait le client dans son parcours vers l'infonuagique et ce que la technologie pouvait leur apporter. Il y avait un écart fondamental entre ce pour quoi l'entreprise m'avait engagé, et ce à quoi le gouvernement était prêt, et finalement, j'ai été licencié.

C'est l'événement qui a déclenché mon désir de devenir un consultant indépendant. Bien sûr, il y a des avantages à être un employé d'une grande entreprise comme Microsoft: vous obtenez de l'exposition auprès de gros clients, et vous avez la marque de l'entreprise derrière vous quand vous leur parlez. Mais en fin de compte, vous n'êtes qu'un numéro; votre employeur a tout le pouvoir. Il contrôle la relation, et un jour, vous recevez une tape sur l'épaule, et quelqu'un des RH dit, « D'accord, merci beaucoup. Voici votre indemnité de départ. Bonne journée. »

Donc, devenir un consultant indépendant était grandement lié au contrôle. Je peux décider de ce que je fais, combien de temps je travaille, quand, et même où et pour qui. Mon succès est entièrement ma responsabilité. Même si je suis embauché pour régler un problème en particulier, je peux montrer des connaissances solides, une compréhension, et du leadership. Le client écoutera, et nous pourrons travailler ensemble de manière productive. Cela me donne le contrôle de ma destinée.

Le mot clé pour le client est « indépendant ». Ils ont un accès direct à leur fournisseur, que ce soit Microsoft, une grande société de conseil parmi les quatre plus importantes, ou qui que ce soit, mais ils savent que les employés de l'entreprise sont en fin de compte fidèles envers leur employeur, et non envers le client. En tant que consultant indépendant, le client me considère beaucoup plus comme « un des leurs » (après tout, il signe mon chèque de paie). Donc, ils vont dire des choses, poser des questions et avoir des conversations avec moi qu'ils ne pourraient pas avoir avec l'un des employés du fournisseur.

Ils peuvent même demander mon avis sur le fournisseur et sur ce qu'il propose!

Cela m'amène à l'un des plus grands changements que j'ai remarqué en passant d'un employé à temps plein à un consultant indépendant. En tant qu'employé, ma fidélité et mon focus étaient divisés. Bien sûr, je devais m'occuper du client et continuer à lui fournir de la valeur en tant que leur représentant. Mais en même temps, je devais m'assurer que mon employeur était heureux, prendre soin de ses intérêts, et m'assurer que je leur fournissais de la valeur.

Cela peut être plus stressant que vous ne le pensez. En fait, ma femme a déclaré que je suis beaucoup moins stressé ces jours-ci, ce qui peut sembler surprenant à quiconque pensant encore à la sécurité d'emploi avec un emploi permanent et un chèque de paie régulier. Lorsque je suis devenu indépendant, l'une des premières choses qui m'a frappé a été le soulagement de ne plus avoir à m'inquiéter du contrôle de « *Big Brother* ». Au lieu de cela, je peux me concentrer entièrement sur mon client et sur ce dont il a besoin.

Bien sûr, l'avantage le plus important d'être un consultant indépendant, ou du moins celui auquel tout le monde pense, est l'argent. La paie d'un employé est déterminée par les échelles salariales de l'entreprise, les budgets, la hiérarchie, l'ancienneté dans l'entreprise, et toutes les autres choses qui sont liées à l'appartenance au monde des affaires. Cependant, en tant que consultant indépendant, mon taux est basé sur la demande du marché. Heureusement, la demande pour mes services augmente encore et encore, tout comme mes tarifs.

Depuis 2016, mes taux ont augmenté régulièrement de 20 à 30 % chaque année. Et comme mon expérience se développe d'un projet à l'autre, ma justification pour ces taux augmente également.

Comparez cela à ce qui se serait passé en tant qu'employé: à moins d'avoir obtenu une promotion ou effectué un changement d'employeur, j'aurais peut-être obtenu une petite augmentation de salaire, ou plus probablement, je serais toujours au même niveau de salaire qu'il y a trois ans. De nombreux employeurs ont demandé à leurs employés d'accepter une diminution de leur salaire pendant la pandémie. Pour moi, cependant, la pandémie a considérablement augmenté mon chiffre d'affaires, car la nécessité de prendre en charge la collaboration entre les professionnels et les travailleurs à distance a augmenté la demande de services basés sur le nuage encore plus rapidement.

Au cours des deux dernières années, plusieurs entreprises m'ont demandé de me joindre à eux en tant qu'employé. Bien qu'ils soient de grandes entreprises et des gens sympathiques avec qui travailler, je reviens toujours à ma force directrice, qui est le contrôle: je ne vois pas comment je pourrais être un employé et encore profiter de la flexibilité que j'ai maintenant, et de la capacité de fixer mes propres paramètres quant à la façon dont je travaille et le moment où je le fais. Donc, je perdrais le contrôle et je subirais une baisse de salaire!

Certains pensent qu'ils sont encore mieux avec un salaire, même s'il est plus bas, en raison des avantages sociaux: régime de retraite, congés payés, assurance médicale, etc. En tant que consultant indépendant, je peux choisir où je mets mon argent et quels avantages je veux acheter pour moi-même, et je n'ai pas à payer pour les frais généraux qu'une grande société doit engager. Je ne paie pas pour que quelqu'un d'autre soit assis dans un grand bureau ou conduise une luxueuse voiture de compagnie.

Tout ce que je gagne — toute la valeur de ce que je génère — me revient directement, et je décide comment le dépenser. Bien sûr, l'envers de la médaille est que je suis responsable de mes finances. Mais j'ai également beaucoup plus de contrôle sur la façon dont mes affaires sont gérées.

Dans les premiers temps, mes contrats de sous-traitance étaient en tant qu'analyste d'affaires, et je ne demandais qu'un certain niveau de frais, pas beaucoup plus que ce que j'avais gagné chez Microsoft. Ce n'est que plus tard dans ma carrière de sous-traitant que j'ai connu une augmentation significative de taux. Donc, au début, je n'ai pas cherché à obtenir des conseils financiers indépendants. Au lieu de cela, comme la plupart des nouveaux consultants, j'ai mis en place une feuille de calcul pour suivre l'argent entrant et combien je me versais. Mon beau-père est un préparateur d'impôt, il m'a donc conseillé sur le pourcentage à conserver pour le RPC et l'impôt sur le revenu, et sur la façon d'envoyer les versements à l'ARC.

Parce que je voulais gagner autant d'argent que possible, je me suis payé un salaire minimum et un dividende maximum, et j'ai réglé mes impôts à la fin de l'année. Bien sûr, cela signifiait que je devais m'assurer qu'il restait assez d'argent dans l'entreprise à la fin de l'année, mais comme les affaires allaient bien, je n'ai pas vu cela comme un problème.

Au fil du temps, cependant, les choses se sont compliquées. Je gérais plus de contrats, et avec plus de revenus, j'atteignais les taux d'imposition plus élevés. Je ne faisais rien non plus pour planifier ma retraite.

Heureusement, Finances TI360 m'a été présentée par l'intermédiaire de l'une des entreprises de dotation avec laquelle j'ai travaillé, Cofomo. C'est ainsi que j'ai découvert que je me créais un mal de tête fiscal en me versant principalement des dividendes, et en utilisant l'entreprise pour payer mes impôts. Après tout, je me disais qu'il s'agissait de mon argent, et je ne voyais pas la différence entre payer la facture moi-même ou la faire payer par l'entreprise.

Il s'avère que cela fait une grande différence!

Et, au fur et à mesure que mes revenus et mes factures d'impôts augmentaient, le problème empirait année après année.

Grâce à Finances TI360, j'ai obtenu les conseils dont j'avais besoin pour résoudre le problème, et nous avons changé la façon de me payer pour que cela ne se reproduise plus. Je retire plus de salaire que de dividendes, et je fais affaire avec une société de paie qui fait toutes les retenues de l'ARC/RPC et les verse tout au long de l'année, ce qui me garde sur la bonne voie. Ensuite, je travaille avec l'équipe de Finances TI360 pour gérer les revenus dans l'entreprise et planifier la retraite de la manière la plus efficace au niveau fiscal.

Et parlant de retraite, (même s'il me reste encore plusieurs années à travailler) ce que j'anticipe le plus est l'occasion de travailler moins. Tout me ramène à mon grand principe de contrôle. À mesure que la retraite approche, je serai en mesure de ralentir mes activités sans me soucier de ce qu'un employeur pense de moi ou de savoir si j'aurai suffisamment d'argent pour payer les factures, maintenir mon style de vie et soutenir ma famille financièrement. Grâce à la façon dont les choses sont mises en place par Finances TI360, je profite de cette période où je travaille dur et où je gagne probablement le maximum de ce que j'aurai gagné au cours de ma carrière de consultant en maximisant mes investissements. Au fur et à mesure que je me rapprocherai de l'âge de la retraite et que je travaillerai moins, je vais tirer parti de ces investissements pour ramener mon revenu aux niveaux auxquels j'ai été habitué. Mais grâce à Finances TI360, je le ferai de manière efficace sur le plan fiscal.

Lorsque j'ai commencé à travailler avec Finances TI360, ils ont initialement investi beaucoup de temps en moi. Au lieu de passer directement à une liste d'achats de produits qu'ils voulaient me vendre, ils ont partagé leurs connaissances et leur expérience, et m'ont aidé à comprendre ma situation financière en profondeur. J'ai bénéficié de plusieurs consultations gratuites, ce qui a apporté une grande valeur et m'a permis d'apprendre à les connaître avant d'avoir à m'engager à quoi que ce soit. C'était très différent des autres sociétés financières avec lesquelles j'ai parlé.

J'aime travailler avec Sam, Éric et l'équipe, et j'ai parlé d'eux à plusieurs collègues. Je fais partie d'une communauté de collègues architectes infonuagiques avec lesquels je suis très proche. Comme moi, ils sont excellents au niveau technique, mais ils ne sont pas forts en matière de finances et de pensions. Alors, je leur ai présenté Finances TI360 parce que je savais que l'aide leur serait utile!

Chapitre 3

Structurer votre avenir financier: « L'Outil NEURONE »

Les clients sont souvent surpris que nous n'ayons pas une pile de brochures sur tout ce que nous offrons chez Finances TI360. La raison pour laquelle nous n'en avons pas est simple. Je préfère illustrer les choses en utilisant votre situation personnelle plutôt que de vous faire lire un tas de généralisations que vous devrez reconstituer. Ainsi, lorsque nous rencontrons un consultant indépendant, nous saisissons tout dans un modèle de planification financière exclusif que nous appelons affectueusement L'Outil NEURONE, développé au cours des 15 dernières années par notre génie résident, Dany Provost.

Dany est l'une des figures les plus connues dans le secteur des services financiers: régulièrement présenté à la télévision, à la radio, et dans la presse, auteur de deux livres, dont le meilleur-vendeur *Arrêtez de planifier votre retraite, planifiez votre plaisir* (« Stop Planning Your Retirement; Plan Your Fun »), et fréquemment consultés par d'autres experts financiers sur de nombreux domaines de la fiscalité, de l'assurance individuelle, de la planification financière et de l'assurance collective. Après avoir évalué bon nombre des modèles de planification utilisés dans l'industrie des conseils financiers, Dany a réalisé qu'aucun d'entre eux n'était optimisé pour les propriétaires d'entreprise. Ainsi, il a créé son propre « Outil », qu'il a constamment modifié et mis à jour pour rester en conformité avec les modifications des lois fiscales, des réglementations financières et de tout ce qui se passe sur les marchés financiers. Il prévoit toujours plusieurs étapes à l'avance, et au moment où une nouvelle loi fiscale entre en vigueur, il a déjà ajusté L'Outil NEURONE en conséquence.

C'est ce qui distingue Dany. En plus d'être un chef de file et un enseignant respecté de l'industrie, il a été en mesure de combiner toutes ces connaissances et cette expérience, pour les transformer en quelque chose de pratique: une machine qui prend les informations financières d'un client, les traitent et crée une recette personnalisée pour ce client afin d'optimiser ses finances à chaque étape de sa vie professionnelle et au-delà.

Et parce que les lois fiscales et les mécanismes d'investissement changent constamment, tout comme les circonstances personnelles, nous effectuons cet exercice régulièrement pour chacun de nos clients.

En tant que propriétaire d'une société, vous pourriez avoir trois ou quatre sources de revenus, chacune imposée différemment, par exemple, le salaire, les dividendes de votre société, les dividendes de placements et les gains en capital. Même en comparant différents investissements et différentes catégories d'actifs, le traitement fiscal peut varier. Par exemple, les actifs d'assurance et de fonds communs de placement ne sont pas imposés de la même façon. Malheureusement, la plupart des outils de modélisation ne sont pas programmés pour atteindre ce niveau de détail.

Nous nous efforçons de mettre à jour L'Outil NEURONE chaque année, à mesure que de nouvelles règles et de nouveaux produits atteignent le marché financier. Bien entendu, les banques et autres firmes de conseils financiers disposent également d'outils de planification qui sont mis à jour chaque année. Dans la plupart des cas, cependant, cela signifie simplement qu'ils téléchargent les plus récentes tranches d'imposition. Ils conservent les mêmes paradigmes brisés qu'ils ont toujours eus parce qu'ils sont optimisés pour 95% du marché: les employés réguliers. En revanche, notre Outil est toujours mis à jour avec de nouvelles « armes », qu'il s'agisse de changements dans la loi, de nouveaux instruments financiers ou des réalités du marché.

Chaque décision financière que vous prenez au fil des ans doit prendre en compte quatre questions:

- Qu'arrivera-t-il si je décède aujourd'hui?
- Qu'arrivera-t-il si j'ai besoin de cet argent tôt (ou même maintenant)?
- Qu'arrivera-t-il si j'ai besoin de cet argent à la retraite?
- Qu'arrivera-t-il si j'ai besoin de cet argent pour payer les impôts au moment du décès?

En utilisant L'Outil NEURONE, nous pouvons modéliser l'impact financier de toute décision à venir, puis examiner et vérifier le résultat pour nous assurer que cela est logique. Et si vous nous fournissez les conseils qu'un autre professionnel vous a donnés, nous pouvons également les mettre dans L'Outil NEURONE pour vous montrer précisément quels impacts ils auront sur vos finances.

L'Outil NEURONE permet de retirer toutes les suppositions et les désinformations de tout ce que nous faisons. Cela nous permet de prendre en compte le traitement fiscal préférentiel d'une catégorie d'actifs par rapport à une autre, de comparer les pommes avec les pommes, et de traduire tout dans un langage commun: quel sera l'impact d'une stratégie sur vos rendements, sur vos investissements, vos impôts et, par conséquent, votre richesse totale?

L'Outil NEURONE est l'un des seuls outils de modélisation financière optimisés pour les entreprises plutôt que pour les employés réguliers. Le plus grand écart dans la plupart des modèles réside dans la façon dont ils traitent les différentes sources de revenus. Les particuliers et les sociétés sont imposés différemment, vous le savez. Sinon, vous ne vous seriez pas incorporés! Cependant, la plupart des outils ignorent tout ce que vous laissez dans l'entreprise: ils ne regardent que l'argent que vous retirez de l'entreprise et appliquent l'impôt comme s'il s'agissait d'un revenu d'emploi régulier.

Les réformes de Morneau sont un parfait exemple de la différence entre L'Outil NEURONE et d'autres modèles. Les réformes ont introduit des taux d'imposition supplémentaires sur les revenus de placements passifs qui commencent à 50 000 $ et augmentent par étapes jusqu'à ce que, lorsque vos revenus atteignent 150 000 $, vous payiez l'impôt sur le revenu des sociétés au taux maximum. Tout cela s'est produit en 2018, et pourtant, la plupart des outils n'ont pas encore été mis à jour pour refléter comment le revenu passif au sein d'une société vous affectera en tant que consultant indépendant. Les outils de planification standards ne prennent pas en compte les réformes de Morneau parce que les règles ne s'appliquent qu'aux entreprises, pas aux particuliers: les modèles optimisés pour les employés réguliers n'ont tout simplement pas besoin de les considérer. En conséquence, la plupart des modèles de planification financière pour les « consommateurs » ne font pas la distinction entre les sources de revenus. Plus précisément, ces outils:

1. ignorent si le revenu est passif ou actif;
2. imposent tous les revenus d'une société à un taux moyen;

3. ne considèrent généralement que le risque et le taux de rendement brut.

Mettez ces trois facteurs ensemble et, pour tenter de réduire les risques, un outil de planification standard pourrait suggérer une stratégie qui rapporte beaucoup en intérêts, mais qui finit par en remettre la plus grande partie au ministère du Revenu.

Dites-moi ce que vous préféreriez: une stratégie qui vous rapporte 15 % imposé à 50 % ou celle qui vous donne le même 15 % libre d'impôt?

Lorsque les réformes de Morneau ont été introduites, cela nous a pris un certain temps, mais nous avons mis à jour L'Outil NEURONE avec tous les détails des nouvelles règles. Donc, lorsque nous vous conseillons où placer votre argent, nous pouvons dire: « mais n'en mettez pas trop là parce que vous allez franchir le prochain seuil, et votre impôt sera plus élevé ».

J'ai rencontré un client potentiel qui est un CPA travaillant en tant que consultant informatique indépendant pour de grandes firmes comptables. Il avait déjà bâti un portefeuille de 2 millions de dollars dans sa société, et son attitude était: « Je n'ai pas besoin de toi, Éric. Je sais quoi faire. Je suis comptable et je peux gérer mes propres finances. »

Cependant, au fur et à mesure que je creusais, il a admis qu'il avait un problème. « Mon portefeuille génère 250 000 $ en revenus passifs au sein de la société, et ma facture d'impôt me fait pleurer chaque année. »

Je lui ai donc demandé: « Si je trouve une solution qui minimise la charge fiscale sur ce revenu passif, est-ce que cela serait une preuve que tu as besoin de moi? » Bien sûr, il est devenu un client.

Vous n'avez peut-être pas 2 millions de dollars d'actifs en ce moment, et vous n'avez pas 250 000 $ de revenus passifs. Le problème est que nous ne voulons pas que vous vous rendiez au point où vous atteignez ce niveau et, parce que vous ne nous avez pas parlé, vous payez trop d'impôt!

Oui, la valeur de L'Outil NEURONE réside dans la gestion des finances, la coordination de l'action et le calcul des facteurs qui ne peuvent pas être calculés à l'aide d'un outil de planification standard. Mais plus encore, c'est une question de communication. Je peux montrer à un client, même à celui qui n'est pas un génie de la finance, le résultat, et il dira: « Ça a du sens. Je n'avais pas les outils ni les connaissances nécessaires pour le comprendre par moi-même, mais maintenant que je le vois sur papier, je comprends! » Plusieurs d'entre eux disent même qu'ils ne l'ont jamais vu de cette façon avant. Pourquoi? Parce que personne ne leur a jamais expliqué en regardant les deux côtés de l'équation en même temps: l'investissement et la fiscalité. Mais quand je leur montre, ils n'ont pas besoin d'un doctorat en finance pour suivre ce que je dis.

Vous vous demandez si vous êtes adéquatement préparé pour affronter tout ce que l'avenir pourrait vous réserver? Nous avons créé auto-évaluation permettant de savoir si vous vous versez trop d'argent, quel est l'impact fiscal de vous verser des dividendes par rapport à votre salaire, ainsi que autres questions cruciales sur la façon dont vous gérez vos finances. Pour effectuer l'évaluation, visitez:

consultant.financesti360.com/fr/#calculer-valeur-nette-65ans

Chapitre 4

Les trois phases de votre vie financière

Chaque plan que nous élaborons avec un client établit les bases de sa prospérité financière à travers trois phases de sa vie:

1. Accumulation
2. Retrait
3. Succession

Accumulation

La phase d'accumulation, c'est là où vous optimisez la croissance de vos investissements tout en prenant en compte les aspects fiscaux. C'est le moment où l'effet composé entre en jeu à pleine puissance, car les décisions prises ici auront un impact sur le long terme, en ajoutant progressivement des sommes au fil du temps.

Retrait

La phase de retrait vise à retirer votre argent de manière fiscalement efficace lors de votre retraite, tout en maintenant la valeur de vos économies pour soutenir le style de vie que vous avez planifié. Toutes les approches de retrait ne se valent pas: une stratégie scientifique peut augmenter votre revenu de retraite de 15 à 20 % par rapport au paradigme standard souvent recommandé par les conseillers (nous en discuterons plus en détail plus loin dans le livre!).

Succession

La phase de succession consiste à s'assurer qu'à la fin de votre vie, le plus de richesse possible soit transférée à vos héritiers plutôt qu'au ministère du Revenu. Mais nous voulons surtout que vous ayez vécu confortablement tout au long de votre vie professionnelle et de votre retraite, et que vous ayez fait tout ce que vous vouliez faire avec vos proches de votre vivant. C'est ce qui nous distingue des autres conseillers avec qui vous avez peut-être travaillé.

Mais ne vous méprenez pas. Nous veillons également à ce que l'ARC ne soit pas laissée de côté ou « fraudée »: la dernière chose que vous voulez, c'est que le ministère du Revenu réclame des sommes à votre famille lorsque vous serez parti. Nous nous assurons donc que l'ARC obtienne sa juste part. Nous éviterons toute stratégie fiscale qui pourrait mettre en péril votre relation avec l'ARC. Notre objectif est simple: vous aider à payer juste ce que vous devez en impôts, pas un centime de plus. Il s'agit d'évitement fiscal, pas d'évasion fiscale. Et rappelez-vous, minimiser vos impôts est un droit constitutionnel, inscrit dans la Charte des droits du contribuable canadien. Le droit no. 1 dit: « Vous avez le droit de recevoir les montants qui vous reviennent et de payer seulement ce qui est exigé par la loi. Selon ce droit, vous pouvez vous attendre à recevoir les prestations, les crédits et les remboursements qui vous reviennent selon la loi. Vous pouvez aussi vous attendre à payer seulement le montant exact exigé par la loi. »[2]

Cependant, la seule façon d'exercer ce droit est d'assumer la responsabilité de déterminer précisément les « prestations, crédits et remboursements » auxquels vous avez droit, et le montant exact d'impôt que vous êtes « tenu » de payer.

Nous utilisons L'Outil NEURONE (pas de grande surprise ici!) pour créer des plans financiers dans les trois phases. Mais voici ce qui est important. Ce n'est pas simplement que L'Outil NEURONE peut créer un plan pour la phase d'accumulation, la phase de retrait ou la phase de succession. Dany a conçu L'Outil NEURONE de A à Z pour tout coordonner *tout au long* des trois phases. Il établit les trois plans simultanément et fait le suivi des résultats de chaque décision. Vous pouvez avoir l'assurance que nos plans financiers ne laisseront pas votre famille démunie après votre décès, ni ne vous contraindront à puiser dans vos économies à la retraite pour garantir un héritage suffisant pour vos proches plus tard.

Optimisez votre avenir financier dès aujourd'hui. Rencontrez nos conseillers pour des stratégies personnalisées. Visitez:

consultant.financesti360.com/fr/#prendre-rendez-vous

---

[2] Pour garantir l'actualité et la fiabilité de nos sources d'information et pour recevoir la documentation étayant nos propos, contactez-nous à marketing@financesti360.com pour obtenir nos références.

Rareté vs abondance

Le monde financier vous pousse souvent vers une mentalité de rareté: jamais assez, et même si vous avez assez maintenant, soyez vigilant, car cela pourrait ne pas durer.

Ce paradigme est le moteur de chaque aspect de la manière dont les institutions financières et les conseillers font des affaires. Habituellement, lorsque vous rencontrez un nouveau conseiller financier, l'une des premières questions qu'il vous demandera sera la quantité d'argent que vous avez, auprès de qui vous l'investissez et le taux de rendement que vous obtenez. Tout est une question de performance, et si vous décidez de travailler avec eux, ils vous demanderont de tout leur transférer: « Apportez vos placements chez nous et nous ferons mieux que vos placements actuels. »

Bien sûr, le paradigme se présente également dans la façon dont les clients pensent. La plupart des consultants indépendants consacrent leur temps et leur énergie à s'inquiéter de choses comme: « Est-ce que je cotise assez dans mon régime de retraite? Est-ce que j'en mets trop? » Quand on soulève la question de l'assurance, ils pensent toujours qu'ils ont plus que ce qui est suffisant, pourquoi devraient-ils y investir encore plus d'argent? (Ils n'ont pas encore compris qu'il s'agit d'un investissement, pas d'une dépense). Et, bien sûr, la grande question: Que se passe-t-il si je vis plus longtemps que prévu — est-ce que je serai à court d'argent? »

Dans cette section du livre, je vais vous faire passer à une mentalité d'abondance.

Pour plusieurs personnes, une inquiétude majeure est ce qui va se passer s'ils vivent plus longtemps que prévu: seront-ils à court d'argent?

Il y a un vieux dicton dans la profession médicale: « Une prescription sans diagnostic est une faute professionnelle. » C'est la même chose pour les conseils financiers. Nous ne nous contentons pas d'essayer de faire croître nos fonds sous gestion. Nous ne vous demandons pas de prendre de grosses décisions tant que vous et nous n'avons pas toutes les informations nécessaires. Le point critique est que, pour nous, l'intégration d'un nouveau client ne consiste pas à dire que vous devriez nous confier tout votre argent parce que nous ferons un meilleur travail que vos conseillers actuels. Au lieu de cela, il s'agit de vous aider à vous sentir encouragé, confiant et habile à prendre des décisions pour vous-même et à vous sentir confiant en disant: « OK, faisons cela! »

Maintenant, différentes personnes utilisent des mots différents et posent des questions différentes, mais tout le monde est à la recherche de « La Recette ». Et bien, je ne peux pas vous donner de recette, parce qu'il n'y a pas de stratégie universelle. C'est pourquoi nous utilisons L'Outil NEURONE: il montre la logique financière derrière chaque décision. De cette façon, aucun investissement n'est jamais sur la base de: « mettons-en un peu plus pour être sûr ».

Lors de nos premières réunions, nous chercherons à vous comprendre. Notre objectif principal est de poser des questions pour détecter d'éventuels paradigmes brisés, qu'il s'agisse de questions basiques sur votre rémunération ou des aspects plus spécifiques à votre situation. Bien que nous puissions offrir des suggestions et des observations, notre priorité est de vous guider à travers ce processus.

Nous prenons note de tout ce que vous dites et nous l'insérons dans L'Outil NEURONE afin de pouvoir vous faire part des éléments sur lesquels nous devrons nous concentrer lors des prochaines réunions. Avec ces informations, nous pourrons commencer à vous aider à utiliser votre argent différemment: plus efficacement pour minimiser les impôts et plus efficacement pour maximiser les revenus.

Dès la deuxième réunion, nous apporterons des conseils et des solutions spécifiques. Même à ce moment-là, on ne recherche pas à faire des transferts pour le plaisir de faire des transferts (« Notre REER est meilleur que celui que vous avez. Donc, prenez le nôtre. »). Au lieu de cela, nous sommes beaucoup plus susceptibles de suggérer un véhicule complètement différent qui est mieux adapté à vos besoins en tant que consultant indépendant et propriétaire d'entreprise.

Finances TI360 est comme un buffet: nous mettons tout ce que nous pouvons offrir sur la table, mais c'est à vous de choisir ce dont vous voulez profiter. C'est votre plan. Nous l'élaborons ensemble pour minimiser les impôts et maximiser les revenus, mais je veux que vous compreniez toutes les variables. Je veux que vous sachiez comment tout s'intègre et, surtout, que vous soyez en mesure de faire la différence entre de « bons » conseils et d'excellents conseils.

En fin de compte, nous voulons que vous sentiez que vous contrôlez votre avenir financier, en choisissant les stratégies qui vous semblent les plus pertinentes. Nous ne sommes pas une boîte noire dans laquelle vous mettez votre argent et espérez pour le mieux. Donc, nous vous proposons des recommandations, et vous montrons l'impact de chaque option (en utilisant L'Outil NEURONE), mais vous faites tous les choix importants à l'aide de nos conseils et nos directives.

La phase
d'accumulation

Chapitre 5

Démarrage

La phase d'accumulation est une question de croissance efficace de vos placements d'un point de vue fiscal. Cela devrait commencer le jour où vous mettez votre entreprise en place. La plupart des consultants mettent leur entreprise en place, font des transactions à travers cette dernière, et la garde jusqu'à leur décès. Ils ne construisent pas une entreprise pour la vendre; il s'agit tout simplement d'une société de portefeuille pour accumuler de la richesse. Après leur retraite, ils retirent l'argent jusqu'à ce qu'il n'en reste plus ou jusqu'à leur décès. Donc, si l'entreprise n'est qu'un véhicule pour faire croître et conserver votre richesse, il est logique de faire tout ce qui est possible pour maximiser la valeur que vous générez.

En général, il y a trois types de personnes qui deviennent des consultants indépendants.

1. Les employés à la recherche de quelque chose qu'ils considèrent comme absent dans leur emploi (que ce soit le contrôle, l'argent, la variété ou autre).
2. Les professionnels optant pour une carrière tardive qui veulent tirer parti de leurs connaissances au moment de leur retraite.
3. Les diplômés qui ne veulent pas simplement se faire engouffrer dans le moulin à viande corporatif.

Examinons ces groupes à tour de rôle: ce qui les motive, ce qui peut les retenir, et ce qui est important dans la planification de leur avenir financier.

1. L'employé

Le premier est un employé qui réalise un jour que plusieurs de ses collègues sont des consultants indépendants. Inévitablement, ils commencent à comparer des choses comme les taux horaires et le mode de vie, et ça ne prend pas beaucoup de temps avant que l'employé commence à se demander si ce serait difficile de créer une entreprise par lui-même. Après tout, ils savent qu'ils ont les compétences et qu'ils ne sont pas pires que les autres, alors pourquoi pas?

Cela mène à trois questions inévitables.

1. Comment vais-je obtenir des contrats?
2. Est-il difficile de créer une société?
3. Comment puis-je m'assurer d'avoir de l'argent à la retraite?

Obtenir des contrats en tant que consultant informatique peut être plus facile que ce que vous pensez. Plusieurs consultants informatiques commencent leur carrière en travaillant pour leur ancien employeur. D'autres font appel à leurs contacts personnels et aux relations qu'ils ont établies au cours de leur carrière. Cependant, l'un des moyens les plus simples et les plus rapides pour commencer peut être de s'inscrire auprès d'une agence. Elles existent pour établir des relations avec les employeurs en TI, et elles surveillent le marché constamment pour trouver des opportunités afin de pouvoir connecter leurs consultants à des employeurs potentiels.

Les meilleures agences placent leurs consultants au centre de leur prise de décision et travaillent fort pour les associer aux meilleurs contrats en fonction de leur expertise et leur expérience. Bien sûr, il y a de bonnes et de mauvaises agences. Une façon de vous protéger et de vous assurer que vous travaillez avec une bonne agence est de chercher un membre de la *National Association of Canadian Consulting Businesses*. La NACCB est un organisme professionnel qui regroupe 75 grandes entreprises de dotation au Canada (dont Cofomo, Randstad et Procom), représentant plus de 100 000 consultants indépendants. Travailler avec un membre de la NACCB vous donne l'assurance que votre agence respecte les normes et directives de l'industrie.

De même, la mise en place d'une entreprise peut être beaucoup plus facile que vous pensez si vous vous associez à quelqu'un dont le travail est de créer des sociétés et qui se spécialise dans le travail avec des consultants indépendants. En même temps, le simple fait que quelque chose soit facile ne veut pas dire qu'il soit simple, et c'est pourquoi vous devez travailler avec des experts qui le font chaque jour.

Cela nous amène à la retraite: comment pouvez-vous optimiser votre situation de toutes les manières possibles pour vous assurer de ne pas manquer d'argent plus tard dans la vie et de pouvoir maintenir le style de vie que vous voulez à la retraite? Ici, le problème n'est pas seulement de s'assurer que vous en avez assez. Il s'agit également d'investir de manière efficace sur le plan fiscal. Si vous ne savez pas ce que vous faites ou si vous suivez les mêmes stratégies que celles que vous aviez en tant qu'employé régulier, investir votre argent d'une manière qui vous coûterait beaucoup plus en impôts plus tard devient très facile.

2. Le professionnel optant pour une carrière tardive

Le deuxième type de personne qui devient généralement un consultant indépendant est une personne qui a eu une carrière réussie (habituellement dans une grande entreprise ou le secteur public) et commence à offrir de la consultation à la retraite. Comme l'employé ci-dessus, ces professionnels s'inquiètent également des difficultés potentielles à la création d'une société, et la réponse est la même: trouvez un professionnel qui se spécialise dans la création d'entreprises pour des consultants indépendants et travaillez avec une agence qui est membre de la NACCB.

Cependant, contrairement à l'employé, ils sont souvent moins préoccupés par la recherche initiale de contrats. Après tout, cette personne était déjà assez riche pour prendre sa retraite. Par la suite, cependant, même le professionnel optant pour une carrière tardive voudra plus de travail, et une agence peut être une aide appréciable ici.

Plusieurs de ces professionnels de fin de carrière ont également un autre problème, un bien « meilleur » problème: « Qu'est-ce que je devrais faire de tout cet argent? » Contrairement à l'employé, ils ne s'inquiètent généralement pas d'être à court d'argent. Leur conversation avec nous est plus susceptible de ressembler à quelque chose comme, « Je reçois 175 000 $ par an en pension, je facture 200 000 $ par l'intermédiaire de mon entreprise, et maintenant j'ai ce revenu supplémentaire de mon portefeuille. <u>Comment puis-je retirer mon argent de manière efficace sur le plan fiscal?</u> »

Si vous ne savez pas ce que vous faites dans cette situation, il est facile de finir par payer beaucoup plus d'impôt maintenant que vous ne le devriez.

3. Le diplômé

Ces dernières années, un troisième type de personne est entré sur le marché de la sous-traitance: les jeunes diplômés qui quittent l'université et réalisent qu'ils ne veulent pas être un employé. Il n'y a pas si longtemps, il était peu commun pour un jeune diplômé de se lancer directement dans le monde de la consultation indépendante. Il fallait généralement quelques années d'expérience avant de songer à cette voie, car les grandes agences et les employeurs réputés ne considéraient pas les novices pour des postes de consultant. Cependant, les pénuries de main-d'œuvre dans l'industrie ont ouvert la voie à de nouveaux arrivants, leur permettant de connaître un succès financier dès le début de leur carrière (et si vous êtes encore au cégep ou à l'université en lisant ceci, envisagez-le sérieusement comme option de carrière).

Bien entendu, les nouveaux diplômés rencontrent les mêmes doutes et défis lorsqu'ils créent leur propre entreprise que les consultants plus expérimentés. Cependant, leur priorité est souvent de décrocher leur premier contrat, ce qui souligne l'importance de trouver une agence fiable dès le départ.

Mise en route

Se lancer en affaires est une période frénétique, où les tâches s'accumulent rapidement. L'incorporation devrait être votre priorité absolue, offrant des avantages significatifs. Opérer en tant qu'entreprise limite votre risque personnel et votre responsabilité, et constitue un excellent véhicule d'investissement, offrant des avantages fiscaux substantiels. De plus, cela assure la pérennité de votre entreprise même après votre décès, en constituant un abri pour vos investissements.

Une fois que vous avez enregistré votre entreprise et obtenu votre numéro d'entreprise, ainsi que votre enregistrement pour les taxes de vente, votre prochaine priorité est de trouver les professionnels adéquats pour vous guider. Vous aurez besoin d'un comptable pour gérer vos états financiers annuels, vos déclarations de revenus d'entreprise et de taxe de vente, ainsi que pour préparer vos documents fiscaux (T4/T5 pour les salaires, R1/R3 pour les dividendes). En plus du comptable, un teneur de livres et un spécialiste de la paie seront nécessaires. Ils vous aideront à créer des bilans, des comptes de profits et pertes, des budgets et des prévisions, ainsi qu'à analyser vos flux de trésorerie. Ils assureront également un suivi régulier de votre performance par rapport au budget.

Ensuite, il vous faudra un avocat spécialisé en droit des affaires pour examiner vos contrats. Il est essentiel de choisir un avocat qui maîtrise ce domaine spécifique, car celui qui s'occupe de vos affaires immobilières ne sera pas nécessairement compétent dans ce domaine.

La phase d'accumulation ne se limite pas aux questions administratives. Notre expertise réside dans la minimisation de l'imposition et la maximisation des revenus. Outre les professionnels mentionnés précédemment, un planificateur financier de qualité est essentiel pour optimiser cette phase, protéger les finances familiales, planifier la retraite, et gérer et analyser votre portefeuille. De plus, un courtier d'assurance compétent et un conseiller fiscal spécialisé dans le travail avec des consultants indépendants sont indispensables.

Statut fiscal

Peu importe la raison pour laquelle une personne devient un consultant indépendant et où elle se situe dans sa carrière, l'une de ses plus grandes préoccupations concerne habituellement le statut fiscal: comment vous assurez-vous que l'ARC acceptera que vous soyez vraiment un propriétaire d'entreprise indépendant? Parce que si ce n'est pas le cas, vous serez traité comme un employé et perdrez tous les avantages fiscaux dont vous devriez bénéficier. Ici, le défi est que les lignes directrices (et ce sont vraiment des lignes directrices plutôt que des règles fixes) varient selon la province et changent avec le temps, et elles sont sujettes à interprétation par l'ARC au cas par cas[3].

Tout cela peut susciter beaucoup de peur, d'incertitude et de doute chez les consultants indépendants. Pour éviter les erreurs coûteuses, il est essentiel de consulter des experts tels que Finances TI360. Notre mission est de suivre de près les changements réglementaires à travers le pays et de collaborer avec des comptables et des avocats qui ont une expérience avérée dans les interactions avec l'ARC pour défendre les consultants lors d'enquêtes fiscales et d'appels.Malgré cela, il existe quelques mesures simples que vous pouvez prendre pour renforcer votre situation. Par exemple, souscrire une assurance invalidité est un indicateur important de la gestion d'une entreprise « réelle ». D'autres assurances essentielles incluant l'assurance erreurs et omissions ainsi que l'assurance responsabilité civile, qui vous protègent en cas de pertes ou de dommages causés à vos clients.

---

[3] https://www.canada.ca/fr/agence-revenu/services/impot/decisions-concernant-regime-pensions-canada-rpc-assurance-emploi-ac/a-propos-regime-pensions-canada-assurance-emploi/a-propos-regime-pensions-canada-assurance-emploi-consultants-technologie-information-employes-travailleurs-independants.html

Perdre votre statut fiscal peut être une erreur coûteuse. Ne prenez pas ce risque inutile et évitable. Validez votre statut fiscal grâce à notre outil en ligne. Il suffit de répondre à quelques questions à choix multiple.

Vérifiez gratuitement votre statut fiscal maintenant.

Cliquez ici. consultant.financesti360.com/fr/#valider-son-statut-fiscal

Obtenir les bons conseils financiers

Vos conseillers financiers devraient viser à optimiser votre situation fiscale, à déterminer la meilleure stratégie pour retirer des fonds de votre entreprise tout en minimisant votre impôt sur le revenu actuel et futur. Cela peut être un indicateur clé de la valeur des conseils que vous recevez, car il existe trois paradigmes courants en matière de retrait de fonds pour vos besoins quotidiens, chacun ayant un impact significatif sur vos impôts et vos revenus.

Paradigme brisé no. 2: Salaire vs dividendes

Une décision cruciale que vous devez prendre chaque année en tant que consultant indépendant est de savoir si vous devez retirer de l'argent sous forme de salaire ou de dividendes. Il est impossible de répondre à cette question sans tenir compte des implications à long terme de votre choix. Votre comptable seul ne peut pas fournir une réponse précise, car il ne dispose pas des outils nécessaires pour modéliser ces implications avec exactitude.

Votre comptable pourrait vous conseiller de prendre des dividendes en raison de leur simplicité apparente et de l'impôt similaire. Cependant, cela est vrai uniquement si vous ne considérez que l'impact sur une seule année d'imposition. Pour un comptable, répondre ainsi est tout à fait raisonnable. Il est probable que vous ne leur ayez pas posé de questions sur le long terme, et même si vous envisagez l'avenir sur une période d'un à cinq ans, la différence entre les salaires et les dividendes est probablement minime. Cependant, si nous envisageons de modéliser le salaire par rapport au dividende sur plusieurs décennies, par exemple 20, 30 ou 40 ans à l'avenir, la différence devient significative: à votre retraite, vous pourriez perdre des milliers de dollars chaque année.

La plupart des nouveaux consultants se posent cette question lorsqu'ils lancent leur entreprise, mais très peu la remettent en question par la suite. Ainsi, même si les conseils de votre comptable diffèrent aujourd'hui, vous ne le saurez probablement jamais. Mais presque chaque fois qu'un comptable de nos clients a l'occasion de discuter avec nous, il change d'avis. La réponse réelle est: « Ça dépend. » Elle varie d'une province à l'autre et selon votre situation personnelle. De plus, elle évolue avec le temps, en fonction des changements de lois fiscales et de taux d'imposition. Cependant, une chose est certaine: opter pour des dividendes pendant la phase d'accumulation exclut plusieurs autres stratégies d'optimisation fiscale disponibles si vous vous versez un salaire. Et comme tout évolue d'année en année, cette décision doit être régulièrement réévaluée.

Paradigme brisé no. 3: Fractionnement du revenu alors que vous ne devriez pas

Un autre aspect délicat pour les propriétaires d'entreprise peu méfiants est le fractionnement du revenu: il s'agit de « déplacer » le revenu vers votre conjoint, souvent parce qu'il se trouve dans une tranche d'imposition plus basse que vous.

> Par exemple, supposons que votre femme a gagné 50 000 $ en revenu imposable en 2021 et que vous avez retiré 250 000 $ de la société à titre de dividendes. En Ontario, votre femme aurait payé 7 657 $ en impôt sur le revenu et vous auriez payé 95 084 $. À vous deux, vous avez payé plus de 102 000 $ en impôt sur le revenu des particuliers.
>
> Avec le fractionnement du revenu, vous devriez plutôt vous verser 150 000 $ de dividendes et verser l'autre 100 000 $ de dividendes à votre femme (augmentant également son revenu imposable à 150 000 $). En Ontario, en 2021, l'impôt sur 150 000 $ était de 45 159 $. Ainsi, votre facture d'impôt combiné aurait été d'un peu plus de 90 000 $, une économie d'environ 12 000 $.

À première vue, le fractionnement du revenu semble une excellente idée et une façon pratique de réduire vos impôts. Pendant plusieurs années, c'était un outil très utile dans la phase d'accumulation, et de nombreux conseillers le recommandent encore. Le problème réside dans le fait que vous ne pouvez transférer le revenu à votre conjoint ou à un enfant adulte que s'ils investissent dans l'entreprise ou y travaillent de manière significative. Ainsi, si votre conjoint est un(e) homme/femme au foyer ou a un emploi à temps plein ailleurs, vous ne pouvez pas simplement lui donner de l'argent pour réduire vos impôts. Si vous avez agi ainsi, vous risquez de déclencher une vérification de l'ARC, entraînant une réévaluation des années d'imposition passées et des pénalités.

Heureusement, la réglementation ne s'applique pas une fois que vous êtes âgés de plus de 65 ans. Le fractionnement du revenu est donc encore utile dans la phase de retrait: une fois que vous avez atteint l'âge de la retraite, vous pouvez verser des dividendes comme vous le souhaitez à partir de la société, même si vous travaillez encore.

L'un de mes clients est âgé de 68 ans et travaille toujours à temps plein comme consultant indépendant. Il verse un dividende de 50 000 $ à sa femme, et le ministère du Revenu n'a aucun problème, même si elle est à la retraite.

Paradigme brisé no. 4: Évaluation de la tolérance au risque

La tolérance au risque consiste à évaluer le niveau de risque que vous êtes prêt à accepter dans vos investissements. Malheureusement, la manière dont la plupart des professionnels de la finance en discutent est erronée. L'approche standard pose les mauvaises questions et ignore le contexte. Ainsi, quand nous interrogeons un client potentiel sur sa tolérance au risque, ils diront quelque chose comme: « J'ai répondu à un questionnaire avec mon conseiller, et il m'a dit que je suis un investisseur axé sur la croissance: Je suis prêt à prendre certains risques, mais je ne vais pas tout miser. »

Voici ce qui se passe: La façon dont la tolérance au risque est généralement évaluée finit par placer 95 % des répondants dans cette catégorie parce que l'attitude globale des gens à l'égard du risque est sur une courbe normale. Alors qu'il y a quelques « cow-boys » qui aiment prendre des risques et quelques « tortues » qui les détestent, la majorité se situe quelque part au milieu. Et comme tout le monde se retrouve dans la même catégorie de risque, et que toutes les catégories d'actifs sont traitées de la même manière, tout le monde reçoit des conseils largement similaires:

1. Placez votre argent dans votre REER;
2. Lorsque vous atteignez votre limite de REER, placez-le dans votre CELI;

3. Lorsque vous avez maximisé votre REER et votre CELI, créez un portefeuille (selon le même profil de risque que celui que vous avez utilisé pour votre CELI et votre REER).

Cela survient souvent en raison de la formulation trop générale des questions, qui examinent la tolérance générale au risque financier, et de l'application uniforme des réponses à tous les aspects des placements du client. Au lieu de cela, les conseillers devraient approfondir la question de la tolérance au risque du client pour des catégories spécifiques de placements, comme les comptes enregistrés (CELI, REER, etc.) et les comptes ouverts (leur portefeuille corporatif), entre autres.

Mais ce n'est pas tout. Comme la plupart des gens sont classés dans la même catégorie de risque, ils se voient souvent proposer le même portefeuille, même s'ils estiment qu'il n'est pas adapté à leur profil de risque personnel. Par exemple, le portefeuille de croissance standard peut se composer de:

- 30 % en placements à revenu fixe (qui génèrent actuellement un rendement annuel d'environ 2 %)
- 70 % en actions (avec un rendement moyen d'environ 10 %).

Comme nous l'avons vu au Chapitre 2, ce portefeuille « moyen » affiche un rendement annuel de 7 %, et le revenu n'est pas traité de la même manière en matière fiscale. En guise de rappel, le revenu d'intérêt que vous obtenez des obligations est imposé à un taux de 50 %. Pendant ce temps, votre revenu provenant des actions obtient un traitement beaucoup plus favorable. Les dividendes que vous recevez des investissements sont imposés à des taux préférentiels et, dans certains cas, vous pouvez même récupérer une partie de l'impôt que vous payez sur les dividendes de sociétés canadiennes. Plus tard, lorsque vous vendez les actions, l'impôt sur les gains en capitaux ne s'applique qu'à 50 % de tout gain.[4]

Donc, comme nous l'avons déjà dit, détenir des placements à revenu fixe vous protégera contre la chute des marchés, mais a un coût élevé. Je préfère analyser le risque d'une manière différente. Imaginons que vous ayez un portefeuille de 1 million de dollars dans votre société, et votre conseiller l'a structuré comme un portefeuille de croissance avec 30 % d'obligations et 70 % d'actions. Mais vous venez ensuite nous voir, et je vous demande: « Pourquoi possèdes-tu 30 % de ton portefeuille en investissements à revenu fixe? ».

« Parce que mon conseiller l'a suggéré comme moyen d'atténuer les risques. Il m'a dit que c'était comme un parachute: si le marché chutait, mon portefeuille total ne baissera que de 50 % de la chute. »

Maintenant, je sais que ce que vous voulez vraiment, c'est un filet de sécurité. C'est un point critique parce que nous recherchons maintenant quelque chose qui agit comme un investissement à revenu fixe, mais qui ne sera pas imposé comme des intérêts. Et comme je l'ai mentionné au Chapitre 2, c'est là que l'assurance entre en jeu: regardez sous la surface, et l'assurance agit comme un produit d'investissements à plusieurs égards. Les conseillers avisés qui sont habitués à travailler avec des propriétaires d'entreprises connaissent la magie que cette stratégie peut faire pour une entreprise.

Vous devez travailler avec le 1 % des conseillers qui peuvent voir cela.

---

[4] Voir également https://taxsummaries.pwc.com/canada/corporate/income-determination et https://hillnotes.ca/2021/11/02/corporate-income-taxes-in-canada-revenue-rates-and-rationale-2/

Soit dit en passant, de nombreux investisseurs ne saisissent pas parfaitement la notion de « revenu fixe ». Une erreur fréquente est de penser que « fixe » signifie la même chose que « garanti ». Ce n'est pas le cas. Le revenu fixe signifie simplement que vous pouvez prédire avec un degré élevé de confiance quel sera votre rendement. Bien que plus sûr qu'une action, il n'est pas garanti, et en 2022, les investissements à revenu fixe ont même enregistré des rendements négatifs!

Dans cette optique, plutôt que de placer une partie de votre portefeuille dans des placements à revenu fixe à faible rendement (et de payer 50 % d'impôts sur cette somme), nous envisageons de diriger cet argent vers des produits d'assurance spécialisés offrant un rendement bien plus élevé sur le plan fiscal. Ensuite, que fait-on du montant restant? Eh bien, cela dépend toujours de votre tolérance au risque. L'erreur courante commise par de nombreux conseillers (et clients) est de supposer que cette tolérance reste constante tout au long du processus. En réalité, vous pourriez vous trouver au milieu de la courbe, recherchant un risque modéré à ce stade.

Mais n'oubliez pas qu'une partie importante de votre portefeuille est maintenant investie dans un produit à faible risque et à revenu fixe. Vous pouvez donc être plus agressif avec le reste, et votre profil de risque *global* sera encore aligné à l'ancien portefeuille selon le ratio 30/70. Le véritable objectif est de créer un portefeuille qui fonctionne comme le portefeuille 30/70 que vous voulez, mais où chaque composante a un rôle différent à jouer. Certains actifs seront plus à risque, et d'autres moins à risque, mais dans l'ensemble, le portefeuille honore votre tolérance au risque.

Dans Finances TI360, la façon dont nous pourrions atteindre cet objectif est de créer une Politique d'investissement corporative pour vous, établie autour de cet objectif.

Paradigme brisé no. 5: Établissement des cotisations à un REER

De nombreux conseillers recommandent souvent: « Mettez le maximum permis en cotisations REER », mais ils ne peuvent pas nécessairement prouver que c'est la meilleure option. Comme nous l'avons déjà vu, avec un REER, vos cotisations sont plafonnées, vous payez des charges sociales sur le salaire et vos frais de gestion ne sont pas déductibles d'impôt. Ce dont vous avez vraiment besoin, c'est quelque chose qui fonctionne comme un REER mais qui n'est pas soumis à des plafonds, qui est prélevé sur le revenu avant impôt et dont les frais de gestion sont déductibles.

C'est pourquoi Finances TI360 a collaboré avec l'un des plus grands groupes de régimes de retraite du Canada pour créer le Régime de retraite exécutif mentionné précédemment au Chapitre 2: un produit plus simple à mettre en place et à gérer, agissant comme un REER mais permettant des cotisations allant jusqu'à 30 % de votre salaire (selon l'âge), avec des déductions fiscales pour la société sur les cotisations et les frais de gestion.

Avant de lancer votre carrière en tant que professionnel indépendant, assurez-vous d'être prêt à profiter pleinement des avantages de l'incorporation. La question qui nous est souvent demandée par les consultants indépendants: « Devrais-je m'incorporer? ». Nous avons créé une **courte** auto-évaluation en ligne de 2 questions pour que vous puissiez obtenir la réponse selon votre situation.

Pour effectuer l'évaluation, visitez: consultant.financesti360.com/fr/#incorporation

L'expert indépendant:
Vlad Catrinescu

Être consultant indépendant ne consiste pas toujours à passer d'une entreprise à une autre, d'un contrat à un autre, à réaliser des projets. Le professionnel étoile Microsoft (MVP) Vlad Catrinescu de Montréal, Canada, a commencé à faire de la consultation pendant qu'il était encore étudiant. Il a ensuite eu une brillante carrière internationale en tant qu'auteur, conférencier, formateur et consultant pour SharePoint et Microsoft 365. Bien avant que le COVID-19 ne force les entreprises à «passer en mode virtuel», Vlad aidait les organisations à se préparer au travail à distance.

J'ai toujours été passionné par les ordinateurs. Je dis souvent à la blague que je suis «SharePoint de deuxième génération» parce que mon père était également un expert de SharePoint. En fait, il a été celui qui m'a fait entrer dans l'industrie quand j'avais seulement 18 ans. Puis je suis allé à l'université pour obtenir un diplôme en informatique, et à mi-chemin dans le programme, j'ai commencé à faire de la consultation.

Comme plusieurs consultants indépendants, j'ai commencé avec des contrats à court terme pour des clients locaux: vous obtenez un mandat pour six mois, et quand cela se termine, vous devez trouver un autre. Cependant, je me suis très vite rendu compte que ce modèle n'était pas évolutif. Il n'y a que 24 heures dans une journée, et vous ne pouvez pas travailler pendant toutes ces heures: vous devez dormir un peu!

Je me suis donc demandé: « Comment puis-je transformer « Vlad » en un service et en tirer parti? La réponse est que j'ai commencé à créer du contenu pour une plate-forme de formation en ligne appelée Pluralsight, et d'ici la fin de l'année, j'espère être sur plusieurs autres plates-formes. La bonne chose est que je n'ai qu'à enregistrer les leçons qu'une seule fois, puis les gens les regardent à la demande quand ils le veulent. Je suis également un auteur, avec trois livres publiés par Apress.

C'est ce changement qui m'a permis de faire évoluer mon entreprise et de me faire connaître partout dans le monde. Cela me convient parce que j'aime voyager. Avant la pandémie, je voyageais environ 150 jours par an, dans le cadre de conférences à travers le monde en Australie, au Sri Lanka et dans toute l'Europe. Au premier semestre de 2022, j'ai pu aller à Berlin, Las Vegas et Cancún. Il est difficile de dire non à de beaux endroits comme ceux-ci, surtout quand la conférence couvre la plupart de vos frais de déplacement!

Avant même de devenir consultant indépendant, j'avais toujours travaillé pour des consultants. Mon premier emploi après l'université était en TI internes pour une firme de consultants. J'ai fini par occuper un poste de consultant auprès de la même société, et après un certain temps, j'ai travaillé dans une autre société de consultants, ce qui m'a amené à devenir indépendant!

Mes nouveaux employeurs avaient de la difficulté à me vendre. Ils avaient une équipe entière dédiée à SharePoint, mais ils ne pouvaient pas me trouver de projet, donc j'ai passé tout l'été « sur le banc ». Après trois mois comme ça, je grimpais aux rideaux. Alors, j'ai demandé à mon patron: « Est-ce que je peux simplement trouver mes propres contrats? »

Il a dit « Bien sûr. Amuse-toi bien! »

Deux jours plus tard, je suis revenu avec un contrat.

Après cela, j'ai obtenu mon statut Microsoft MVP[5], et j'ai commencé à avoir la bougeotte. Comme je l'ai mentionné plus haut, j'aime voyager, et le fait d'être un employé limitait considérablement ma capacité à voyager et à assister à des conférences: les sociétés de conseils veulent pouvoir facturer autant de votre temps que possible, pas vous avoir assis dans un hôtel à regarder des présentations.

Même si j'étais seulement âgé de 23 ans, j'ai décidé qu'il était temps de voler de mes propres ailes. Je n'avais pas de personnes à charge, donc si tout allait mal, personne ne serait blessé; je pourrais finir par vivre dans le sous-sol de mes parents, mais au moins je pourrais dire que j'aurais essayé.

Être un MVP Microsoft avec une expérience en consultation m'a beaucoup aidé. J'avais même de l'expérience en ventes. En tant qu'adolescent, j'ai travaillé dans un magasin vendant des ordinateurs portables, des téléviseurs, etc. Et j'ai prouvé que je pouvais vendre mes propres services en obtenant ce contrat (et si je devais quitter et trouver des clients de toute façon, pourquoi ne pas les obtenir pour moi-même et garder tout l'argent plutôt que de le donner à une compagnie et d'en obtenir seulement une fraction!).

En tant que consultant indépendant, je suis maître de mon temps. Je n'ai pas de patron qui regarde par-dessus mon épaule et qui me

---

[5] *Le statut Most Valued Professional (« MVP ») est décerné par Microsoft à seulement 3 000 personnes à travers le monde.*

demande pourquoi mon temps facturable est en baisse cette semaine ou me dit quand je peux ou ne peux pas prendre des vacances. Je peux choisir les événements auxquels je participerai (et s'il y a un endroit précis où je veux voyager, je peux chercher des événements là-bas!), et souvent, ils se transforment en mini vacances — je ne vais pas prendre l'avion vers l'Europe juste pour une journée. Donc, j'ajoute généralement quelques jours avant ou après un événement pour profiter de l'emplacement.

Bien sûr, il y a des inconvénients à tout, même dans la vie en tant que consultant indépendant. En fin de compte, vous êtes responsable de vous-même, ce qui est à la fois le plus grand avantage et le plus grand désavantage. Et il y a beaucoup de choses à s'occuper. Vous devez garder un œil sur la stratégie future, déterminer ce à quoi vous voulez que l'entreprise ressemble dans un an? Et dans cinq ans? Si vous voulez encore rechercher des contrats? Si vous voulez créer un produit? — et en même temps, vous devez vous occuper des affaires courantes, et vous assurer que vous prenez soin des clients que vous avez.

Vous devez également faire face à beaucoup d'incertitude. Parfois, vous ne savez pas si un client va renouveler, et de plus en plus, les clients insistent sur des contrats renouvelables à court terme. Il y a quelques années, vous avez peut-être seulement fait face à cette incertitude une fois par an, mais maintenant, elle se produit tous les trois mois.

> **Note d'Éric:** Il ne s'agit pas seulement de votre propre confort face à l'incertitude : votre famille et vos personnes à charge seront également affectées par cette pression. Il est crucial d'en tenir compte et d'engager une discussion ouverte avec vos proches lorsque vous évaluez si la consultation est la meilleure option pour vous.

Ces contrats plus courts ajoutent également un niveau supplémentaire de pression. Si vous démarrez un projet de 12 mois en mars, vous savez qu'à moins d'un changement majeur, il se renouvellera en mars prochain, et si ce n'est pas le cas, le printemps n'est pas un mauvais moment pour trouver un contrat. Mais si le contrat n'est que de trois mois, il pourrait se terminer en juin. C'est un moment terrible pour être à la recherche d'un nouveau contrat parce que peu de grands projets sont lancés entre juin et septembre. Donc, vous pourriez être sur le banc tout l'été.

Rappelez-vous également que, en tant que consultant indépendant, vous n'êtes pas seulement un travailleur en TI, mais un propriétaire d'entreprise. En fait, vous êtes actionnaire en chef, président, dirigeant principal de l'information, dirigeant de la gestion générale, directeur de l'exploitation, et à peu près tous les autres titres de direction, y compris le directeur général du café! Cela signifie que vous devez vous occuper des ventes et du marketing, et vous devez comprendre la comptabilité (même si vous embauchez un comptable) et la finance (même si vous avez un planificateur financier). Vous devez en savoir assez pour poser les bonnes questions, comprendre les réponses et les recommandations que vous obtenez et prendre des décisions éclairées.

Et même si vous êtes avec des clients 40 heures ou plus par semaine, vous devez prendre le temps de vous occuper de vos responsabilités d'affaires. Sinon, elles ne se règlent pas. J'ai même connu d'autres consultants qui oubliaient de faire la facturation pendant plusieurs mois, ce que je trouve difficile à croire. Envoyer une facture est la meilleure partie d'être un propriétaire d'entreprise! (OK, la deuxième meilleure partie est quand cette facture est payée!).

Tout cela signifie que les premières années peuvent être stressantes. Cependant, une fois que les choses se stabilisent et que vous avez amassé un bon petit coussin à la banque, cela devient très gratifiant et libérateur.

Au début, je dépendais des agences pour obtenir des clients pour moi, mais je ne suis pas un partisan de cette approche. Elles sont très bien quand vous commencez parce qu'ils gèrent la relation avec le client et s'assurent que vous êtes payé. En outre, de nombreuses grandes sociétés confient l'embauche de consultants à ces agences, de sorte qu'elles sont parfois la seule voie vers les grands emplois jusqu'à ce que vous soyez bien connu dans votre industrie.

Ces jours-ci, cependant, j'ai mes propres contrats. Même si je vis à Montréal, j'ai tendance à chercher des clients à l'extérieur de la province parce que les taux sont beaucoup plus élevés aux États-Unis, dans l'Ouest canadien et ailleurs qu'au Québec. Et la différence peut être énorme. Au Québec, si vous dites à une entreprise que vous voulez 120 $ de l'heure, ils vous diront que vous êtes fou. Mais vous pouvez approcher quelqu'un en Californie et dire que vous voulez 250 $ de l'heure, et ils vont sauter sur l'occasion.

Mieux encore, une grande partie de mon travail peut être exécuté à distance, donc je peux rester au Québec en gagnant des tarifs de la Californie. Avant la COVID, certains clients étaient moins ouverts à un consultant qui travaillait virtuellement, mais depuis la pandémie, c'est devenu normal. Et cela signifie qu'en tant que consultant indépendant, vous pouvez travailler avec des clients partout dans le monde.

J'ai commencé à travailler avec Finances TI360 en 2018. À ce moment-là j'étais déjà en affaires depuis quelques années, et j'avais un comptable pour déclarer mes impôts et faire la comptabilité. De plus, ma mère travaille dans les RH, elle m'a donc conseillé sur la mise en place de choses comme la paie. À part ces professionnels, Éric a été le premier conseiller professionnel que j'ai embauché. Avant cela, je n'avais même pas parlé à un agent d'assurance de choses comme les maladies graves — j'avais seulement pris les polices recommandées par mon association professionnelle. En ce moment, je détiens trois polices principalement comme des investissements!

Le problème que j'ai trouvé à essayer d'obtenir de bons conseils était que lorsque vous recherchez en ligne, tout est vraiment une question de marketing. Je ne voulais pas quelqu'un qui me dirait ce que je *pouvais* faire ou ce qui *pourrait* fonctionner pour moi: Je voulais qu'un conseiller me dise: « Fais ça. Maintenant, fais ça. » Ainsi, ça aide définitivement de travailler avec quelqu'un qui se spécialise dans l'aide aux propriétaires d'entreprise et fait cela chaque jour. Premièrement, je ne gaspille pas des heures facturables en m'aventurant sur Internet pour essayer de trouver de bons conseils.

Si je parlais à un client potentiel, je dirais quelque chose comme, « Pensez-y, allez-vous donner ce travail à quelqu'un de votre service informatique qui ne l'a jamais fait auparavant, mais qui va lire un livre et regarder des vidéos sur YouTube? Ou allez-vous m'embaucher parce que c'est tout ce que je fais, je le fais tous les jours, et je l'ai fait plusieurs fois? Bien sûr, vous me paierez plus, mais vous savez que le travail sera fait correctement du premier coup. »

Pour moi, l'embauche d'Éric est la même chose. Et je sais aussi que si mon comptable, l'ARC ou quiconque a des questions à me poser, je peux simplement les transmettre à Éric et à son équipe, et ils vont probablement connaître la réponse.

Travailler avec Finances TI360 a complètement changé la façon dont je gère mes finances. Je fais plusieurs choses dont j'ignorais la possibilité. Par exemple, j'ai mentionné que ma mère m'a conseillé sur la mise en place de mon entreprise. Mais ce n'est pas la seule façon dont elle a aidé mon entreprise. En travaillant avec Éric, j'ai pris une police d'assurance-vie au nom de mes parents (que j'espère évidemment ne pas avoir à réclamer avant une très longue période). Par conséquent, je vais obtenir un paiement de 1 million de dollars libre d'impôt lorsqu'ils seront tous les deux partis.

C'est fou parce qu'habituellement, pour gagner un million de dollars net, vous devez gagner deux ou trois fois ce montant avant impôt. Je n'en serais jamais venu à cette idée si Éric ne l'avait pas suggérée. Cela a impliqué beaucoup de paperasserie, mais Finances TI360 a préparé la plus grande partie pour moi. Tout ce que j'ai eu à faire était de lire les documents et de signer.

La retraite est encore bien loin pour moi, mais j'ai toujours aimé l'idée de prendre une semi-retraite un jour. En ce moment, je suis jeune, sans enfant ni même un chien, et j'aime ce que je fais. Donc, je travaille bien plus de 40 heures par semaine. Mais je sais aussi qu'il est beaucoup plus facile de le faire quand vous êtes jeune, et je ne peux pas maintenir ce rythme indéfiniment, ou je ne serai pas ici pour profiter de l'argent que j'ai gagné!

Je suis donc impatient à l'idée d'atteindre un âge — et je suis sûr qu'Éric utilisera L'Outil NEURONE pour me dire exactement à quel âge cela va arriver — où je pourrai ralentir et prendre une semi-retraite. Je vais prendre un projet ici et là pour rester actif et ne pas m'ennuyer, et si je veux prendre six mois de congé pour aller voyager, je vais pouvoir le faire. Mais, pour l'instant, je vais travailler et économiser de l'argent pour pouvoir prendre ma retraite tôt et profiter de la vie (alors que je peux encore faire des choses folles que je ne pourrai peut-être pas faire quand je serai plus vieux!).

C'est la joie d'être financièrement indépendant: vous atteignez un point où vous travaillez parce que vous aimez cela, pas parce que vous n'avez pas le choix.

À la fin, il y a tant de domaines où vous manquez de connaissance, et il serait trop chronophage d'en étudier chacun en profondeur. Une alternative efficace est de collaborer avec une équipe comme celle d'Éric, qui possède une vaste expérience avec différents consultants et peut vous guider vers les meilleures décisions en fonction de votre âge, de votre situation financière et d'autres facteurs. Vous pourriez bien sûr faire des recherches par vous-même, mais pourquoi se compliquer la vie quand ils peuvent s'en charger pour vous? Concentrez-vous sur ce que vous faites de mieux, c'est-à-dire fournir des conseils en informatique, plutôt que d'essayer de maîtriser les domaines de la finance et de la comptabilité en même temps. Confiez ces tâches à des experts qui excellent dans leur domaine.

À la croisée des chemins

À un moment ou à un autre de votre carrière de sous-traitant, vous serez confronté à une décision: rester sur la voie ou revenir au réconfort de l'emploi permanent? Pour plusieurs, le choix est évident.

« Je n'y retournerai jamais. »

Certains consultants aiment les avantages d'être indépendants: ils estiment enfin qu'ils contrôlent leur vie, qu'ils font de l'argent et qu'ils sont à l'aise avec leurs finances.

Pour eux, la grande question est: « Quand vais-je pouvoir prendre ma retraite? »

La décision revient à choisir entre une retraite plus riche ou une retraite plus hâtive: chaque année travaillée représente plus d'argent disponible pour la retraite. Alors, la vraie question est, à combien d'argent êtes-vous prêts à renoncer demain pour la liberté aujourd'hui? Et si vous prenez votre retraite aujourd'hui, aurez-vous assez d'argent pour subvenir à une retraite plus longue?

Répondre à cette question n'est pas aussi facile qu'on le pense. Il est question de savoir de combien d'argent vous voulez avoir à la retraite, et si vous serez en mesure de maintenir votre style de vie en ne sachant pas combien de temps vous vivrez après la retraite.

La décision ne se résume pas uniquement à l'aspect financier. Certains consultants se disent tout simplement: «Je me suis très bien débrouillé, il est temps d'en profiter.» Mais si vous cessez de travailler à 58 ans, que ferez-vous à la retraite? En tant qu'ancien propriétaire d'entreprise, vous n'êtes probablement pas le genre de personne à rester assis sur un balcon à regarder le temps passer tous les jours.

Alors, avez-vous envisagé un autre plan? Pourriez-vous opter pour une semi-retraite et travailler six mois par an, ou peut-être vivre à l'étranger et travailler à distance?

« Si la bonne offre se présente à moi... »

Certains consultants se sentent nerveux à l'idée de s'engager dans une carrière à long terme et restent ouverts à l'idée de redevenir des employés. D'un côté, il y a la crainte de traverser une « période creuse » si un contrat se termine sans possibilité d'en trouver un nouveau. De l'autre côté, il y a le risque qu'en retournant à un emploi salarié, ils ne trouvent pas la même satisfaction, mais en même temps, il n'y a aucune garantie qu'ils continueront à apprécier la vie de consultant indépendant.

Pendant que ces pensées traversent l'esprit du consultant, il y a un autre facteur à prendre en compte: les offres d'emploi sont de plus en plus nombreuses et attrayantes.

Pourquoi retourner?

En fin de compte, les consultants retournent à des emplois réguliers pour cinq raisons principales.

1. L'argent
2. Le style de vie

3. Étoffer son curriculum vitæ
4. Promotion
5. Sécurité

Regardons la réalité de chacune de ces raisons.

L'argent

Certains sont séduits par les avantages financiers perçus de l'emploi, comme l'accès à l'assurance collective, à un régime de retraite ou à des vacances payées. Il est facile de prendre la mauvaise décision si vous ne parlez pas à un conseiller en premier.

Vous obtiendrez peut-être une assurance collective d'une valeur de 3 000 $ par année, des cotisations de retraite de la compagnie de 7 à 8 % et huit semaines de vacances payées. Mais cela pourrait ne pas compenser la baisse de taux que vous devrez absorber. De plus, plus d'avantages sociaux sans votre « abri » corporatif pourraient signifier plus d'impôts à payer.

Quand vous regardez les chiffres, vous pourriez réaliser que vous serez pénalisé de 20 000 $! C'est pourquoi nous modélisons tout avec L'Outil NEURONE: nous pouvons donc comparer des pommes avec des pommes.

Le style de vie

Même si le salaire est moins élevé, vous pourriez opter pour un retour à l'emploi en raison des avantages liés au style de vie et à d'autres aspects intangibles. Peut-être travaillerez-vous plus près de chez vous, ou vous pensez que la vie serait plus simple en travaillant pour quelqu'un d'autre. C'est un compromis, et vous seul pouvez décider si cela en vaut la peine, mais assurez-vous de prendre votre décision en tenant compte de tous les facteurs. Il est essentiel d'avoir une discussion ouverte avec votre conjoint(e) et de mettre une valeur en dollars sur chaque aspect, car au final, la question fondamentale à considérer est combien vous êtes prêt à sacrifier en termes financiers pour ces avantages de style de vie.

Étoffer son curriculum vitæ

D'autres reviennent à un emploi régulier pour acquérir une expertise commercialisable. Il est difficile d'apprendre de nouvelles compétences et de nouvelles expériences en tant que consultant indépendant. En ce sens, occuper un rôle « permanent » est un geste brillant (bien sûr, aucun emploi n'est jamais permanent et vous pouvez toujours revenir à la consultation en cours de route). Vous pouvez poursuivre votre développement professionnel aux frais de quelqu'un d'autre, et être payé pendant que vous prenez de l'expérience. Ainsi, vous retournez à un poste d'employé pendant 18 à 24 mois, puis vous revenez en tant que consultant indépendant en demandant un taux plus élevé: c'est faire un pas en arrière pour en faire deux en avant.

Promotion

Une autre raison de retourner peut être la promotion. Par le passé, il était difficile pour un consultant de devenir vice-président ou dirigeant principal de l'information. Aujourd'hui, cependant, il y a une importante pénurie de personnel en TI, de sorte que les postes de direction sont ouverts même aux consultants. La réalité est que vouloir un poste de direction n'est plus une bonne raison de revenir à un emploi régulier.

Sécurité

Bien sûr, l'une des principales raisons pour lesquelles les consultants envisagent de quitter le statut d'indépendant est la perception de sécurité d'un emploi en entreprise. On pourrait penser qu'être un employé offre une plus grande sécurité d'emploi. Bien que cela ait pu être vrai par le passé, il n'y a plus vraiment d'emplois pour la vie. Si vous êtes performant dans ce que vous faites, vous conservez votre emploi, que vous soyez employé ou consultant. Et si vous n'êtes pas performant, vous risquez d'être licencié, peu importe votre statut.

Certes, il est plus facile d'être licencié par un employeur que de se licencier soi-même.

« Mais Éric, les consultants ne sont-ils pas les premiers à être mis de côté lorsque les choses deviennent instables? Je ne peux peut-être pas être licencié par un employeur, mais un client peut mettre fin à un contrat. »

Voici ce qui se passe: même lorsque l'économie fléchit, les employeurs ne se contentent pas de licencier tous les consultants et de garder les employés. Les consultants sont souvent embauchés pour leurs compétences spécialisées et leur expérience approfondie, souvent dans plusieurs secteurs.

Par exemple, bon nombre de nos consultants ont travaillé dans divers secteurs tels que les services bancaires, l'assurance, l'énergie et le secteur public. Les personnes ayant une expérience intersectorielle apportent une expertise inestimable. Ainsi, un directeur informatique réfléchira longuement avant de licencier tous les consultants, car ils fournissent souvent une valeur ajoutée unique.

Élargir votre expérience est la meilleure façon de rester pertinent dans votre carrière parce que cela vous garde au sommet de votre art, en apportant à la table les meilleures pratiques d'autres industries et employeurs. D'autre part, quand quelqu'un a été avec la même compagnie pendant 15 ou 20 ans, ils sont coincés dans les vieux paradigmes. Et plus ils restent longtemps dans leur chaise, plus ils deviennent non pertinents et étroits d'esprit.

La grande question

En fin de compte, la question est de savoir si vous êtes mieux en tant que consultant ou un employé. Mais pour y répondre, il faut comprendre exactement ce que signifie « mieux » pour vous. Et pour décider, vous devez vous assurer d'avoir tous *les faits* dont vous avez besoin.

La seule façon de se décider est de connaître tous les faits et de travailler avec quelqu'un qui connaît tous les tenants et les aboutissants et qui peut faire une analyse approfondie. Mais cette personne n'est pas le planificateur financier de votre banque, votre comptable ou le conseiller fiscal du centre commercial local.

Avant de prendre une décision financière importante, évaluons ensemble l'impact de vos options sur le long terme.

Demandez l'avis de l'un de nos conseillers pour éviter des erreurs coûteuses. Pour démarrer, visitez:

consultant.financesti360.com/fr/#prendre-rendez-vous

Le consultant boomerang: Rémi Lafrance

Lorsque vous vous engagez dans le chemin de la consultation indépendante, rappelez-vous que c'est une route à double sens: vous avez toujours la liberté de faire marche arrière. Certains, comme Ghislaine dont l'histoire est racontée dans l'Étude de cas 6, optent pour un emploi à temps plein pour faire progresser leur carrière. D'autres évaluent chaque opportunité, qu'elle soit salariée ou contractuelle, et choisissent ce qui leur convient le mieux. L'essentiel est que si vous décidez de revenir à un emploi salarié, que ce soit de façon permanente ou temporaire, assurez-vous de ne pas perdre les avantages acquis grâce à votre expérience de consultant. Rémi Lafrance illustre parfaitement cet example: il jongle entre le statut de sous-traitant et celui d'employé régulier, tout en veillant à ne pas perdre les avantages fiscaux accumulés en tant qu'indépendant.

Personnellement, j'ai débuté ma carrière en tant qu'ingénieur électricien, tout en étant passionné de musique. Cette dualité me confère des compétences complémentaires: je maîtrise aussi bien les chiffres et la logique cartésienne que la créativité et l'innovation. Cette combinaison est très prisée de nos jours.

Mon parcours m'a toujours placé au cœur de la transformation numérique, contribuant à certains des projets les plus marquants dans ce domaine. J'ai débuté à la Société Radio-Canada dans les années

80, les aidant à opérer leur transition vers la radiodiffusion numérique. Plus tard, durant la panique de l'an 2000, j'ai œuvré en tant que consultant indépendant.

Une fois que le brouhaha de l'an 2000 s'est dissipé, j'ai été tenté par une offre d'Aéroplan que je ne pouvais pas ignorer, alors je suis retourné dans le monde salarié, où j'ai passé près de deux décennies. Mais j'ai fini par ressentir le besoin de changement et j'ai décroché un petit contrat au CN, où j'ai rencontré Éric. Ensuite, une autre offre irrésistible s'est présentée: devenir directeur principal de l'information chez Exo, la société de transport en banlieue de Montréal. J'ai alors repris un emploi régulier pendant trois ans.

Après avoir ressenti que j'avais atteint mes limites dans ce rôle, j'ai pris du recul et évalué différentes opportunités, qu'elles soient contractuelles ou salariées. Finalement, le poste le plus séduisant était celui de vice-président du Centre de solutions numériques chez Alithya, un important cabinet de conseil en transformation numérique au Canada. Ces dernières années, ils ont fusionné avec plusieurs petites entreprises et avaient besoin de quelqu'un pour tout rassembler. Donc, je suis de nouveau dans le monde salarié pour le moment, mais je prévois probablement revenir à la consultation dans quelques années à mesure que la retraite se rapprochera.

Il y a des avantages et des inconvénients à la fois à être consultant et à être employé, et ma carrière m'a permis de vivre les deux côtés. Les consultants bénéficient d'une grande liberté: ils peuvent choisir la durée de leurs contrats et négocier leurs propres conditions. Si vous avez besoin de prendre un mois ou deux de congé entre deux projets, vous le pouvez.

En plus de cela, bien sûr, il y a tous les avantages fiscaux de la constitution en société (que je connais maintenant mieux que jamais grâce à Éric!). Au sein d'une entreprise, vous avez beaucoup plus de contrôle sur la façon dont votre argent est géré. Ainsi, vous pouvez en faire le meilleur usage, avec de nombreuses options qui n'existent tout simplement pas pour les employés.

Au niveau de la croissance professionnelle, vous pouvez également passer de client à client, à la recherche de nouveaux défis, ou vous pouvez vous spécialiser, et les gens vous embauchent pour cette spécialité. Par contre, l'inconvénient est qu'un consultant externe n'a pas toujours une place à la table, en particulier pour les grandes décisions stratégiques. C'est ce que j'ai toujours détesté parce que j'aime être au cœur de la prise de décision, identifier des solutions pour l'avenir, stimuler la transformation et aider l'entreprise à grandir.

Cela ne fait généralement pas partie de la mission d'un consultant à moins que vous ne soyez explicitement embauché comme consultant en stratégie — et ce genre de contrat arrive plus tard dans votre carrière lorsque vous avez plus d'expérience. Le plus souvent, vous êtes embauché pour faire un travail spécifique, et c'est ce que vous faites. Ainsi, chaque fois que j'ai été consultant, je me suis senti laissé à l'écart des enjeux, et cela a été une grande incitation à faire partie de l'entreprise et à prendre place à la table.

En collaboration avec Éric, j'ai organisé mes affaires financières pour tirer pleinement parti du statut d'entreprise. En tant qu'employé, je ne profite pas des mêmes avantages, mais je voulais être sûr que, lorsque je suis revenu en tant qu'employé salarié, je n'aurais pas à perdre les avantages financiers que j'avais gagnés en tant que consultant. Heureusement, Finances TI360 m'a montré comment continuer à faire croître l'argent à l'intérieur de mon entreprise même si je ne peux pas en ajouter pendant que je suis un employé.

Cela est une autre raison pour laquelle je veux revenir au statut de consultant indépendant avant de prendre ma retraite: mettre autant d'argent que possible dans l'entreprise pour financer ma retraite et en laisser à ma famille.

Cela est beaucoup plus intelligent que de simplement maximiser mon REER. J'ai commencé ma carrière chez Radio-Canada dans les années 80 lorsque personne ne parlait de REER. Lorsque je suis parti de Radio-Canada, j'avais de nombreuses années de cotisations à un REER que je n'avais pas utilisées. En conséquence, j'ai manqué des décennies d'intérêt composé et de croissance sur ces contributions inutilisées. Et comme la pension de la SRC était un régime à prestations déterminées, je n'ai jamais eu à penser à la gestion des risques. Maintenant, c'est quelque chose que je surveille très attentivement, grâce à Éric. La manière dont Finances TI360 pense au risque est très différente des autres conseillers. Ils ne cherchent pas à être les premiers à acheter ou à vendre, mais ils s'assurent d'être présents quand ça compte. Ils ne prennent pas autant de risques que certains autres gestionnaires de portefeuille, et à long terme, cela a certainement été payant pour moi parce qu'ils sont toujours là au bon moment, en prenant les bonnes décisions, en vendant quand il est temps de vendre et en achetant quand il est temps d'acheter.

Cet échéancier peut avoir un impact considérable sur vos investissements. Par exemple, lorsque mon contrat de l'an 2000 a pris fin, je travaillais avec un planificateur financier qui avait fait d'excellents investissements pour moi. Malheureusement, il les a conservés trop longtemps, et ils ont perdu beaucoup de valeur lorsque la bulle technologique a éclaté quelques années plus tard. La situation ne s'est pas avérée être une catastrophe, mais elle aurait pu être bien meilleure qu'elle ne l'a été.

Je suis un ardent défenseur de la collaboration avec les meilleures personnes pour tirer le meilleur parti des décisions essentielles que vous devez prendre dans votre vie. Par exemple, lorsque j'ai quitté Exo, j'ai embauché quelques mentors exécutifs pour m'aider à réfléchir à ce que je voulais faire du reste de ma carrière. Après avoir perdu de nombreuses années de cotisations à un REER et de croissance composée, et avoir été échaudé après l'éclatement de la bulle technologique, j'ai apprécié l'importance d'obtenir des conseils professionnels. C'est à ce moment-là que je me suis rendu compte que j'avais besoin de prendre les choses beaucoup plus au sérieux.

Quand il s'agit de finances, vous avez affaire à des sommes d'argent importantes, et vous devez réfléchir à la meilleure façon d'utiliser ces investissements. Il est donc logique de travailler avec les meilleurs et de s'inspirer de la façon dont ils font les choses. Comment ils planifient les décaissements? Comment ils utilisent l'assurance pour couvrir les impôts sur les montants qui resteront? Ce sont des questions auxquelles je n'aurais jamais pensé par moi-même.

Comme je l'ai mentionné, j'ai rencontré Éric lorsque j'ai quitté Aéroplan en 2018. C'est à ce moment-là que j'ai créé ma société et embauché un comptable qui m'a suggéré de parler à Finances TI360. À l'époque, je travaillais avec un conseiller financier depuis de nombreuses années, mais je suis rapidement venu à la conclusion qu'il n'avait pas du tout l'étendue des connaissances et l'expérience pour travailler avec des consultants indépendants plutôt qu'avec des employés salariés. Il n'avait pas la même compréhension des implications futures des décisions que je prenais et de la façon dont elles affecteraient les décaissements — nous n'avions même jamais parlé de décaissements! — ni de comment les choses que j'avais faites par le passé affecteraient mes finances à l'avenir (et ce que nous devrions faire à ce sujet).

En comparaison, mes conversations avec Finances TI360 ont été beaucoup plus pertinentes et précieuses. Par exemple, ma femme a pris un congé de maternité vers 2010, et nous n'avons pas versé de cotisations à son régime de pension. Lorsque j'ai commencé à travailler avec Éric, nous avons discuté à savoir s'il était logique de racheter ces années manquantes et de l'impact que cela aurait à court et à long terme.

Ma rencontre avec Éric a changé la donne pour moi. Après avoir réalisé mon erreur à la SRC (ne pas utiliser mon allocation REER), je m'étais assuré de verser de l'argent chaque année. Au cours de mes 18 années chez Aéroplan, j'ai contribué à mon REER au maximum. Mais j'ai ensuite rencontré Éric, et j'aurais souhaité avoir son aide plus tôt. Parce qu'il m'aurait aidé à déterminer le meilleur endroit où tout mettre pour maximiser tous ces dollars, consolider mes actifs et commencer à penser aux décaissements.

Récemment, Éric et moi avons utilisé L'Outil NEURONE pour modéliser ma retraite et voir comment les choses vont se dérouler: quel argent ma femme et moi-même aurons de disponible chaque année, combien nous pourrons potentiellement laisser quand nous allons mourir, et à quel genre de facture fiscale nos enfants devront faire face. Cela nous a permis de clarifier beaucoup de choses, surtout qu'avant de travailler avec Éric, nous n'avions jamais pensé à ce qui allait arriver à notre richesse au moment de notre décès, et ce que cela signifierait pour nos enfants.

Note d'Éric: La plupart des gens s'inquiètent de savoir s'ils auront assez d'argent pour subvenir à leurs besoins tout au long de la retraite. Ne préféreriez-vous pas avoir à vous soucier de ce qu'il faut faire avec tout l'argent qui restera de vos investissements?

(Bien sûr, cela soulève un autre problème: vous devez également planifier comment vous occuper de la charge fiscale que la richesse imposera à vos héritiers à votre décès. Il s'agit de l'objectif de la phase de succession, sujet sur lequel vous lirez plus loin dans le livre.)

Lorsqu'il s'agit du type de style de vie que nous attendons avec impatience lorsque nous prendrons notre retraite, nous ne voulons pas faire de compromis sur les choses tout simplement pour pouvoir mettre plus d'argent de côté que ce dont nous n'aurons jamais besoin. Nous avons quelques grands projets à l'esprit, y compris la vente de notre maison et l'achat d'un chalet quatre saisons au bord d'un lac ou d'un chalet trois saisons et d'un condo dans le centre-ville de Montréal où nous pourrions passer les hivers et profiter de quelques spectacles. Nous voulons également voyager, et nous avons déjà fait quelques voyages dans le monde entier.

Nous avons également réfléchi à la façon dont nous voulons passer notre temps une fois que nous ne travaillerons plus. Comme nous aimons tous les deux jardiner, je veux m'assurer qu'il y ait un peu d'espace de jardin, peu importe où nous habiterons. De plus, nous aimons tous les deux le vélo, nous avons donc acheté un vélo tandem et nous ferons nos sorties ensemble autant que possible. Enfin, nous sommes tous les deux impatients de passer plusieurs belles soirées entre amis et en famille.

Il reste à savoir si tout fonctionnera de cette façon ou non. Mais je suis à l'aise que nos finances soient déjà en place pour soutenir ce style de vie. Et le plan que nous avons élaboré avec Éric nous donne plus d'argent pour les 15 premières années, afin que nous puissions vraiment profiter de ces premières années, et ensuite, une fois que nous commencerons à ralentir, nous n'aurons pas besoin de retirer autant pour les dix prochaines années.

Quand j'ai rencontré mon ancien conseiller financier pour la première fois, il a passé une demi-heure à me parler du marché: comment il fluctuait, ce qui se passait avec l'or et d'autres produits, les situations internationales et comment ils pourraient affecter les retraites et la croissance des investissements, etc. C'était intéressant, mais cela ne m'en a pas appris beaucoup sur comment gérer mon portefeuille.

Ma première conversation avec Éric a été très différente. Il n'a pas parlé des marchés et de l'économie mondiale en termes généraux. Au lieu de cela, nous avons discuté de stratégies d'investissement spécifiques que Finances TI360 recommandait dans l'environnement actuel. Nous avons parlé de ma situation et de mes plans, et des décisions que je devrais prendre pour implémenter ces plans. Il m'a aidé à comprendre comment l'argent bouge, l'impact des décaissements, et l'importance de déplacer l'argent de manière stratégique dans les bons investissements pour réduire ma dette fiscale.

Donc, si vous lisez ceci, je vous encourage à réfléchir aux conversations que vous avez avec vos conseillers. Parlent-ils du marché en terme général ou démontrent-ils qu'ils comprennent votre situation? Vous parlent-ils de ce qui se passera quand vous partirez à la retraite et, plus tard, quand vous décéderez? De combien d'argent il restera? Ont-ils fait des simulations sur ce à quoi cela va ressembler? Si la réponse est non, la personne à qui vous parlez n'est peut-être pas la bonne pour vous.

Chapitre 7

La belle vie

Quelques années se sont écoulées.. Vous avez soit résisté à la tentation de retourner à un emploi permanent ou êtes parti, avez acquis l'expérience ou la promotion dont vous aviez besoin, et maintenant, vous êtes revenu à la sous-traitance à un taux plus élevé. Vous avez plusieurs clients, donc vous n'êtes plus dépendant d'un seul contrat, et vous pouvez enfin vous sentir confiant que cela fonctionnera pour vous. Cependant, rappelez-vous que vos finances sont une machine très complexe: chaque composante est connectée directement ou indirectement aux autres. Ainsi, le changement d'un élément dans la machine (réglage d'un cadran, modification de la taille d'une roue dentée, ajout d'une courroie supplémentaire, etc.) affecte toutes les autres parties.

Les meilleurs conseillers ne se contentent pas de regarder leur partie de la machine. Ils comprennent comment tout fonctionne, et ce qui se passera si vous changez l'une des composantes individuelles. Il s'agit de comprendre l'ensemble, de réfléchir à l'avenir et de comprendre les conséquences (tant intentionnelles que non intentionnelles).

Si ce que vous avez lu jusqu'à présent fait du sens, mais que c'est tout nouveau pour vous, vous devez vous demander pourquoi vous n'en avez pas entendu parler avant. Les outils et les stratégies que je décris ne sont pas nouveaux. Certains d'entre eux sont utilisés depuis plus de 30 ans. Cependant, comme je l'ai mentionné au début de ce livre, les conseillers financiers habitués à travailler avec les consommateurs ne penseront tout simplement pas à eux parce qu'ils ne sont pas pertinents pour 90 % de leurs clients.

« Merci Éric, mais je me suis occupé de tout. »

Tout le monde n'a pas la chance de trouver Finances TI360 au début de sa carrière en tant que consultant indépendant. Parfois, ils nous découvrent quelques années après s'être lancé en affaires. Ensuite, le grand défi est qu'ils sont habitués aux paradigmes brisés que leurs anciens conseillers ont utilisés avec eux.

Dans ces situations, nous devons aider le client à voir au-delà de ces anciens paradigmes, chose qui peut être douloureuse. Après tout, ils sont allés sur le pilote automatique depuis des années, entourés par des amis et des membres de leur famille bien intentionnés, leur donnant des conseils lus sur un blogue financier dont ils ne se rappellent qu'à moitié, et ils sont probablement encore en train de parler à leurs anciens conseillers.

Pire encore, ils ne ressentent pas toujours la douleur. Ils regardent leurs comptes chaque mois et voient un portefeuille solide et de l'argent en banque, et chaque année, leur richesse augmente. Ce qu'ils ne savent pas, bien sûr — et ils n'ont aucun moyen de le savoir sans un bon outil — est combien leur patrimoine *aurait pu* valoir. Ils n'ont aucun moyen de savoir si la performance est excellente ou simplement bonne.

Peut-être que vous lisez cela, et que votre maison est payée ou presque payée, vous avez un portefeuille de placements qui augmente, et vous êtes sur la bonne voie pour une retraite confortable. Mais que diriez-vous de pouvoir faire encore mieux? Que diriez-vous si nous pouvions passer au niveau supérieur?

Je vois toujours les mêmes lacunes dans les finances des gens: vous savez ce que vous avez, mais comment savoir ce que vous n'avez pas? Donc, si je pouvais vous montrer les lacunes dans vos préparatifs financiers, accepteriez-vous de regarder quelques suggestions? Parce que quelle que soit l'étape à laquelle vous vous trouvez et quel que soit votre âge, il n'est jamais trop tard pour faire des ajustements. La santé financière est comme la santé physique. Il est important de prendre soin de votre santé et de commencer à exercer régulièrement dès que possible. Même si vous n'avez pas maintenu une routine d'exercice tout au long de votre vie, il n'est jamais trop tard pour commencer. Quel que soit votre âge, il est crucial de vous engager dans des activités physiques pour améliorer votre bien-être général. De même, peu importe où vous en êtes dans votre vie professionnelle, il est essentiel d'optimiser vos finances pour assurer votre sécurité financière et celle de votre famille.

Vos finances ne sont probablement pas optimisées, et notre travail consiste à trouver les réglages et ajustements nécessaires pour les optimiser. L'âge n'est pas un problème pour aucune de ces stratégies. Même si vous êtes âgés de plus de 60 ans, bon nombre d'entre elles peuvent être appliquées à vos enfants (ou même à vos petits-enfants). Rappelez-vous que nous optimisons les finances de l'ensemble de votre unité familiale, pas seulement de la vôtre en tant qu'individu. Et si vous vous trouvez à l'autre bout du spectre en termes d'âge, nous avons des stratégies sophistiquées pour inclure vos parents dans l'équation (tant qu'ils sont encore de ce monde, bien sûr!). La clé de tout cela réside dans un concept technique appelé « intérêt assurable »: le détenteur d'une police peut revendiquer un intérêt assurable sur quelqu'un d'autre (qu'il s'agisse d'un besoin d'assurance) tant que cette personne est un employé clé, un associé dans l'entreprise, un parent, un conjoint, un enfant ou un petit-enfant.

Tout commence par une conversation. En seulement 20 minutes, nous pouvons avoir une bonne idée de l'endroit où se trouvent les défis en posant les bonnes questions sur votre entreprise, vos finances personnelles et les investissements que vous avez déjà mis en place (que ce soit personnellement ou par le biais de votre entreprise).

D'un point de vue critique, nous n'attendons pas de vous que vous repartiez de zéro. Nous élaborons un plan qui tient compte de ce que vous avez déjà bien en place, mais nous y apportons des ajustements et des améliorations. Il peut s'agir de deux ou trois changements, mais l'impact de ces ajustements se fera sentir de manière exponentielle au fil du temps.

Réserver votre propre bilan financier pour planifier votre avenir. Que vous bénéficiez déjà de conseils financiers ou que vous ayez besoin de répondre à vos questions, réserver votre rencontre exploratoire avec notre équipe.

Nous nous assurerons de vous fournir des conseils personnalisés et optimisés pour vous, en tant que propriétaire d'entreprise et professionnel indépendant.

Pour prendre rendez-vous, visitez:
https://consultant.financesti360.com/fr/#prendre-rendez-vous

Le conseiller de fin de carrière: Maurice Chénier

Maurice Chénier est un excellent exemple de quelqu'un qui a bâti une entreprise prospère en tant que consultant indépendant tard dans sa vie professionnelle. Après une carrière qui l'a amené à certains des postes les plus élevés au sein du gouvernement, Maurice a vu une occasion de travailler à son compte et l'a saisi. Il est également une excellente preuve qu'il n'est jamais trop tard pour devenir consultant.

J'ai travaillé dans le domaine des TI pendant 40 ans dans la fonction publique, occupant des postes comme chef de la direction des services de TI, vice-président principal et sous-ministre adjoint. Au cours de cette période, j'ai géré de nombreux projets nationaux et internationaux à grande échelle, allant de l'automatisation de l'Accord de libre-échange avec de nombreux pays à l'arrivée de nos aéroports canadiens au 21e siècle avec des choses comme les bornes électroniques de passeport qui rationalisent le traitement des arrivées.

Quand j'ai pris ma retraite en 2019, j'ai envisagé de jouer au golf toute la journée, mais cela ne m'a pas attiré. Je me suis rendu compte qu'il y a une véritable pénurie de main-d'œuvre en TI au Canada et un manque d'expérience de haut niveau, ce qui sera essentiel lorsque nous tenterons de reconstruire l'économie après les dernières années. J'ai donc décidé que je ne pouvais pas arrêter de travailler.

Au lieu de cela, j'ai créé une société et j'ai commencé à travailler avec de grands intégrateurs de systèmes aux États-Unis et au Canada, et j'ai eu la chance que le téléphone n'ait pas cessé de sonner, et je n'ai jamais eu à sortir et à trouver des clients moi-même. Il y a une énorme demande pour des cadres informatiques qualifiés.

Cela m'a également fait comprendre la chance que j'ai d'avoir développé des compétences et de l'expérience au cours de mes années de travail dans différents environnements informatiques et d'ingénierie.

Et je n'aurais pas pu souhaiter un meilleur « atterrissage » après la retraite : J'aime mon travail, mes clients sont heureux, et les revenus sont intéressants. Donc, pour l'instant, je n'ai pas l'intention d'arrêter (même si ma femme a peut-être d'autres plans pour moi!).

Paradoxalement, quand la pandémie s'est produite en 2020, je suis devenu encore plus occupé. L'Agence de la santé publique du Canada m'a embauché pour les aider à gérer bon nombre des besoins numériques urgents créés par la COVID, comme l'acquisition et la distribution de vaccins, les dossiers de vaccination, la recherche de contacts, etc. C'est quelque chose dont je suis très fier, bien que cela ait été intense.

En tant que professionnel indépendant, je peux choisir l'ampleur et la portée de mes projets, décider de la quantité de risques que je suis disposé à prendre, et même si je veux travailler avec un client ou non. Mieux encore, je ne gère plus des milliers de personnes dans tout le pays. Au lieu de cela, je peux me concentrer sur le projet et ses résultats sans jongler avec les responsabilités en matière de ressources humaines, de finances, d'approvisionnement et de contrats du secteur privé, et il en résulte que je suis plus productif.

La sous-traitance m'a permis d'avoir plus d'argent et plus de temps avec mes petits-enfants, et une grande partie de mon travail a été fait à distance, surtout au cours des deux dernières années.

Bien sûr, si vous essayez assez fort, vous pouvez toujours trouver des inconvénients à tout. Par exemple, en tant que consultant indépendant, vous êtes très bien rémunéré. Cependant, cela signifie que les clients ont des attentes tout aussi élevées en termes de production et de contribution, ce qui vous met beaucoup de pression sur les épaules, et il est facile de travailler de très longues heures, surtout si vous vous laissez envahir par ce que vous faites. Vous devez donc prendre soin de vous-même et gérer les attentes du client.

Il y a aussi la complication supplémentaire que vous êtes maintenant propriétaire d'entreprise et professionnel en TI. Lorsque j'ai incorporé mon entreprise pour la première fois, c'était un problème pour moi, car, même si je connais bien les TI et que j'ai une maîtrise en finance et en gestion internationale, lorsque le moment de gérer l'argent de l'entreprise est venu, je me suis rendu compte que ce n'était pas mon domaine d'expertise.

Heureusement, un bon ami m'a mis en contact avec Éric chez Finances TI360. Il n'a fallu qu'une seule rencontre, et j'étais convaincu — et je suis généralement difficile à convaincre, surtout lorsque je paie une somme importante pour quelque chose: Je m'attends à un retour très élevé en échange. J'avais déjà essayé quelques autres options pour gérer mes finances, et aucune n'a aussi bien fonctionné que celle-ci.

Une erreur que j'ai commise lorsque j'ai débuté ma carrière en tant que consultant indépendant était de ne pas avoir incorporé mon entreprise suffisamment tôt. J'ai commencé comme travailleur autonome, ce qui m'a donné les avantages du mode de vie d'être indépendant, mais aucun avantage de la flexibilité financière et des avantages dont j'aurais pu bénéficier si j'avais formé une société. Par exemple, je n'avais pas la protection liée avec le fait d'être une société, la gamme d'investissements à ma disposition était restreinte, et j'ai eu beaucoup moins de flexibilité dans la planification de mes impôts. Heureusement, Éric m'a rapidement mis sur la bonne voie, ce qui était précieux dans l'immédiat.

Une erreur que plusieurs personnes font est de regarder leur portefeuille en temps réel, de jour en jour et de mois en mois. Dès que la valeur de quelque chose baisse, ils ont peur et cessent d'investir. Mais les marchés sont instables, en particulier en ce moment, et les investissements chutent et augmentent. Éric m'a donc appris à me concentrer sur une période de 25 ans, ce qui a rendu la vie beaucoup moins stressante, et le fait que tout soit géré par Éric et son équipe a également réduit le plus gros du stress de la gestion de ma propre entreprise en tant que consultant.

Je ne prévois pas prendre ma retraite dans un avenir rapproché, et selon moi, si vous pouvez continuer à contribuer à la société, c'est presque votre devoir de le faire. Et je ne suis pas le seul à voir la retraite différemment: de plus en plus de gens font le choix de retarder leur sortie du marché du travail. Grâce à la technologie, vous pouvez toujours profiter de toutes les choses que les gens associent traditionnellement à la retraite: rester à la maison, passer du temps avec votre conjoint(e) et votre famille, voyager à travers le monde, et profiter du plus grand nombre d'années de santé possible, tout en maintenant une vie professionnelle active. Tout ne se résume pas nécessairement à l'argent (même si c'est le cas pour certains). Cela peut répondre à d'autres besoins: la nécessité de servir et d'être utile, de continuer à avoir un impact sur le monde et de laisser un héritage.

Heureusement, je suis à l'étape de ma carrière où je peux être plus ouvert et avoir des conversations avec des clients au sujet de ma valeur, ce qu'une personne plus jeune hésiterait à faire.

Je déteste être laissé de côté et sous-utilisé. Donc, si un client veut payer de grosses sommes pour obtenir mes services, c'est bien: quand il m'embauche, je lui dis très clairement qu'il paie pour un cerveau supplémentaire, pas seulement une autre paire de mains sur un clavier.

Ne vous méprenez pas. Je suis une personne naturellement curieuse, et j'aime retrousser mes manches et m'impliquer. Mais dès que je pense qu'un client ne fait pas le meilleur usage de mes forces et de mes compétences, je lui dirai qu'il n'a pas besoin de dépenser d'argent sur moi.

Je connais mes forces et mes limites. En matière de finances, je sais que je ne peux pas égaler l'étendue des connaissances et de l'expérience d'Éric et de l'équipe de Finances TI360. Et comme tout cela se retrouve sous un même toit, je n'ai donc pas à faire affaire avec quatre entreprises différentes pour gérer mon argent. Avant de rencontrer Éric, j'avais un planificateur financier, un comptable, un courtier en assurances et un spécialiste en placements. Chacun d'eux a déduit des frais, et j'ai dû démêler ce qu'il fallait faire avec tous leurs conseils. Avec TI360, c'est une solution clé en main, et ils s'occupent de tout pour moi.

La phase de retrait

Chapitre 8

Le paradigme standard est brisé (encore une fois!)

La phase de retrait porte sur ce qui se passe lorsque vous prenez votre retraite. L'objectif est de retirer de l'argent sans:

1. Faire de compromis sur votre style de vie;
2. Manquer d'argent;
3. Payer plus d'impôts que ce que vous devriez (ou laisser une dette importante à vos héritiers!).

Comme nous l'avons vu, la plupart des professionnels conseillent leurs clients en fonction de paradigmes erronés et obsolètes qui peuvent être très coûteux. Le problème est que nous avons tous entendu les mêmes vieux conseils qui ont fait leur temps depuis si longtemps, que tout ce qui ne correspond pas au modèle semble erroné.

Par exemple, si je vous ai dit à 65 ans de mettre plus d'argent dans les actions de croissance, vous m'auriez dit que j'étais fou. Comme discuté au chapitre 2, le paradigme standard est de réduire les risques et de passer à des stratégies de placement moins agressives en déplaçant votre argent dans des placements à revenu fixe au fur et à mesure que vous vous rapprochez de la retraite. Ensuite, lorsque vous prenez votre retraite, la plupart des conseillers quittent complètement le mode de gestion de portefeuille. Selon eux, le portefeuille est construit, et il est temps de retirer l'argent.

Convertir votre argent en placements à revenu fixe était un excellent conseil lorsque le rendement typique était de 10 %. Aujourd'hui, cependant, les rendements sont beaucoup plus faibles, et si votre croissance est inférieure à l'inflation, vous perdez de l'argent chaque jour. Donc, plus que jamais, vous devez gérer votre portefeuille tout aussi activement dans la phase de retrait que dans la phase d'accumulation. Malheureusement, le monde a changé, mais pas le conseil. Donc, il s'agit d'un paradigme brisé.

Risque de séquence de rendements

Tout au long de la retraite, la valeur de vos fonds va augmenter et diminuer en raison des changements du marché. Le risque est que si vous avez besoin de retirer de l'argent alors que le marché est en baisse, tout retrait que vous faites gruge dans vos fonds totaux plus qu'ils ne le devraient, ce qui peut être particulièrement dangereux dans les premières années de votre retraite. Par conséquent, si vous ne gérez pas les choses avec soin, vous pouvez épuiser votre fonds beaucoup plus rapidement que prévu, un phénomène connu sous le nom de risque de séquence de rendements.

C'est un peu comme un « mot magique » dans le secteur financier en ce moment. Voici une illustration simple de ce qui peut se passer. Imaginez que vous avez investi avec comme objectif d'avoir 2 M$ de dollars dans votre fonds quand vous prenez votre retraite, et vous avez besoin de 100 000 $ chaque année pour maintenir le style de vie que vous voulez (notez que ces chiffres sont fictifs, et je les utilise simplement comme exemple).

Imaginez maintenant que les dieux de la finance sont de votre côté, et alors que vous atteignez la retraite, un boom du marché fait augmenter la valeur de tous vos investissements de 15 %. Votre portefeuille de 2 M$ vaut maintenant 2,3 M$. Même après avoir pris les 100 000 $ pour votre première année, vous avez encore 2,2 M$ d'actifs pour financer le reste de votre retraite. Des jours heureux!

Mais que se passe-t-il si le marché *baisse* plutôt de 15 %? Maintenant, votre fonds ne vaut que 1,7 M$ le jour de votre retraite, et si vous retirez 100 000 $ pour la première année, cela ne laissera que 1,6 M$ dans le fonds. Vous n'êtes qu'à la retraite depuis un an, mais 20 % de votre fonds est déjà parti. Comment vivrez-vous?

Paradigme brisé no. 6: Gel des fonds pour la retraite

Le problème est, bien sûr, que vous ne pouvez pas contrôler ce qui se passe sur le marché, et en supposant que vous voulez un style de vie agréable à la retraite, vous allez toujours devoir sortir quelque chose de vos comptes. C'est un cauchemar pour les conseillers, et la plupart d'entre eux tentent d'éliminer le risque à l'avance. C'est pourquoi, à mesure que le client approche la retraite, il va transférer tout son argent vers des investissements « plus sûrs » qui, en théorie du moins, sont moins susceptibles de baisser en valeur (mais, qui ne vont pas augmenter non plus).

Le problème est que si votre conseiller travaille avec ce paradigme brisé, il vous conseillera probablement de commencer à réduire les risques deux à trois ans avant la retraite en fonction de leurs projections de ce que le marché est susceptible de faire à ce moment-là. Cependant, quand vous prenez votre retraite, vous avez probablement 20 à 25 ans devant vous, pas la fenêtre de deux ou trois ans que votre conseiller utilise. Le délai moyen entre les bas et les hauts du marché est d'environ 24 à 36 mois. Donc, si vous placez tous vos fonds vers des investissements à faible volatilité maintenant, vous pouvez vous protéger de l'impact de la prochaine chute du marché, mais au cours des 20 prochaines années, vous allez également manquer une demi-douzaine de sommets du marché, c'est un « coussin » coûteux!

Alors, que faites-vous à la place?

Ce dont vous avez besoin est d'utiliser une approche holistique qui tient compte de toutes les nuances de la façon dont vos fonds sont investis et du fonctionnement des cycles de marché. Puisque les cycles du marché durent en moyenne trois ans, il est logique de transférer uniquement les liquidités dont vous avez besoin pour subvenir aux trois prochaines années dans des investissements sûrs. Vous savez donc que l'argent ne sera pas affecté par ce qui se passe sur le marché. Le reste de vos fonds demeurent investis avec le même profil de risque que celui que vous avez pu gérer avant la retraite, et vous gérez activement le portefeuille pour minimiser les impôts et maximiser les revenus.

> Mon père a 79 ans et est à la retraite depuis un certain temps. Il a toujours l'équivalent de trois ans à la banque, et investit le reste comme il l'a fait quand il avait 50 ans. Pourquoi? Parce que si je transfère tout dans un portefeuille à faible risque comme le dicte le paradigme standard, il aurait manqué de nombreuses occasions de faire de l'argent.

C'est ce que nous appelons l'approche de la chaudière. Il s'agit d'un concept unique à Finances TI360, et il se réfère à la manière dont nous structurons vos retraits d'argent de votre entreprise et le moment où vous le faites.

Voici comment cela fonctionne. Imaginez que vous disposez des actifs financiers suivants, personnellement et dans votre entreprise:

- Compte bancaire de votre entreprise;
- Un Régime de retraite exécutif;
- Un CELI.

Pour chaque année de retraite, L'Outil NEURONE nous dira combien d'argent vous aurez besoin pour atteindre vos objectifs (pas seulement vos dépenses de subsistance, mais tout ce que vous nous avez dit que vous voulez faire à votre retraite, que ce soit les vacances d'une vie, un chalet, un bateau, ou quoi que ce soit) et la meilleure façon de retirer l'argent de chacun de ces actifs pour minimiser l'imposition (« vous devez retirer 10 % de ce compte, 30 % de ce compte, etc. »). Bien sûr, il y a une préoccupation majeure à prendre en compte: le risque de séquence de rendements. Imaginez que dans deux ans, vous prévoyiez de retirer de l'argent pour acheter ce chalet tant rêvé, mais que pendant cette période, le marché financier subisse une baisse majeure, réduisant ainsi la valeur de vos actifs. Que faire dans ce scénario? La réponse est que, même si le marché est élevé, nous retirons suffisamment d'argent des comptes selon la recette que L'Outil NEURONE a recommandée pour répondre aux besoins des trois prochaines années (suffisamment pour que vous puissiez passer d'un pic à l'autre), et nous l'avons placé dans des investissements ayant une faible volatilité. C'est ce que nous appelons la « chaudière », et dans la mesure du possible, nous ne faisons que des retraits, et nous laissons le reste investi pour l'avenir de sorte que, quoi qu'il arrive sur le marché, nous n'aurons pas besoin de toucher les comptes principaux avant le prochain pic du marché.

Tout au long de la retraite, conservez trois ans de liquidités dans des placements à faible risque pour passer à travers le cycle actuel du marché. Laissez le reste investi intelligemment pour profiter des hauts du marché tout

en prenant des mesures actives pour minimiser l'impact fiscal de vos choix.

L'erreur que beaucoup de gens font est de tout geler en classes d'actifs en espèces ou quasi-espèces à la retraite. Ils vous diront que l'objectif est de protéger leurs économies et d'éliminer tous les risques du marché. Mais il s'agit potentiellement d'un gaspillage énorme et inutile si vous appliquez l'approche de la chaudière. Tant que vous gardez votre chaudière remplie de liquidités qui ne seront pas affectées par le marché, vous n'avez pas à vous inquiéter des fluctuations du marché parce que vous avez assez d'argent en caisse pour passer à travers le cycle économique actuel. C'est ce qui vous protège du risque de séquence de rendements et, bien sûr, c'est déjà pris en compte dans L'Outil NEURONE.

L'objectif n'est pas d'éliminer les risques, mais de les équilibrer dans l'ensemble de votre portefeuille. De cette façon, vous ne prenez pas de risques supplémentaires, mais vous ne manquez pas les occasions de continuer à faire croître votre fonds.

Ainsi, même lorsque vous êtes à la retraite, nous gérons toujours votre portefeuille afin de réduire les impôts et de maximiser les revenus, et cela implique de mettre à jour le plan régulièrement en fonction des changements dans la fiscalité et la réglementation et d'envisager de nouvelles opportunités.

Ce n'est pas parce que vous avez pris votre retraite que vous pouvez cesser de gérer activement vos finances — c'est une recette pour manquer de liquidités de manière inattendue si le marché change ou si les règles changent. Ainsi, même une fois que vous commencez à effectuer des retraits, nous sommes toujours en mode de

gestion de portefeuille, à la recherche de moyens de mi-
nimiser les impôts et de maximiser les gains.

Optimisation de la retraite

Bien que la préparation à la retraite devrait éclairer vos décisions financières tout au long de votre carrière, une fois que vous arrivez à la période de trois à cinq ans avant votre retraite, il est temps de commencer à planifier plus agressivement.

Une erreur facile à faire lorsque vous commencez à retirer de l'argent pour financer votre retraite est de regarder vos fonds et ceux de votre conjoint(e) séparément. Tout au long de votre vie, pas seulement à la retraite, mais aussi dans la phase d'accumulation, vous devez penser aux finances de votre famille de façon holistique.

Là encore, lorsque nous aidons nos clients à se préparer à ce qui sera probablement l'un des changements les plus importants de leur vie, l'utilisation de L'Outil NEURONE prend tout son sens. Souvenez-vous que nous l'avons utilisé tout au long de la phase d'accumulation pour planifier les endroits où investir. Mais L'Outil NEURONE n'est pas seulement concerné par l'accumulation de la richesse. Il est conçu pour nous permettre de voir les implications de toute décision financière, ce qui signifie qu'il nous permet également de modéliser l'impact des décisions de retrait.

C'est la beauté de L'Outil NEURONE. Il ne s'agit pas d'un outil de planification des investissements ni d'un outil de planification des retraits. C'est un outil financier: «un seul outil remplaçant tous les autres.» Ainsi, lorsqu'il est temps de vivre de vos investissements, nous vous indiquons de quels comptes retirer l'argent pour minimiser l'imposition et maximiser les gains. En fait, la différence entre une stratégie de retrait optimale et une stratégie traditionnelle peut atteindre 20 % dans certains cas.

Ce qui est intéressant, c'est qu'un outil de planification standard — le genre d'outil que votre conseiller à la banque ouvrira sur son ordinateur lorsque vous êtes assis avec lui — pourrait vous dire que vous avez juste assez d'argent pour passer le reste de votre vie, pourvu que vous « ne restiez pas trop longtemps ». Nous allons prendre les mêmes chiffres, les saisir dans L'Outil NEURONE, et avec quelques ajustements mineurs, peut-être pourrons-nous dire: « Si vous effectuez ces changements aujourd'hui, vous en aurez plus que suffisamment. » Ici, il ne s'agit pas de réduire le montant que vous retirez — l'objectif est toujours de maintenir ou d'améliorer le niveau de vie. Il s'agit de changer comment et quand vous retirez l'argent.

Quel que soit votre âge, il est toujours possible d'optimiser vos options de retraite.

Nous vous proposons une courte auto-évaluation en ligne qui examinera l'impact à long terme sur votre valeur nette de cotiser à un RR-E ou à un REER, tout en répondant à d'autres questions importantes sur la gestion de vos finances. Pour obtenir votre rapport financier détaillé et des recommandations, rendez-vous sur:

https://consultant.financesti360.com/fr/#comparer-reer-vs-rre

Travaillez parce que vous pouvez, pas parce que vous devez: Pierre Nelson

Pierre Nelson est un excellent exemple d'un employé qui a examiné les consultants avec lesquels il travaillait et s'est dit: «Je suis tout aussi intelligent qu'eux. Je devrais être payé autant.»

Je suis un consultant indépendant en TI depuis 1995, et je travaille auprès des ministères du gouvernement, des organismes à but non lucratif et des entreprises privées à Ottawa. En 1994, j'occupais mon premier emploi informatique à temps plein. Les heures étaient longues et le salaire n'était pas particulièrement bon, mais plusieurs des personnes avec lesquelles je travaillais étaient des consultants, et naturellement, nous avons eu des discussions. Je me suis vite rendu compte qu'en tant qu'employé salarié, je passais à côté de plusieurs choses. Donc, peu de temps après, j'ai démissionné et suis devenu indépendant, même si je n'étais dans l'industrie que depuis trois ans.

Dès le début, j'ai adoré le mode de vie de la consultation. En tant qu'indépendant, j'ai presque doublé mon vieux salaire, mais ce n'était pas le seul avantage. Il est facile pour un employé permanent de se laisser absorber par la politique administrative. Mais en tant que consultant, j'étais au-dessus de tout cela.

Il y a également des différences dans la façon dont les employeurs traitent le personnel et les consultants — et ce n'est pas toujours en votre faveur! L'une d'entre elles est qu'ils s'attendent à ce que vous soyez en mesure de tout faire. Le bon côté de cela est que vous gagnez beaucoup d'expérience que vous n'avez peut-être pas gagné en tant qu'employé. Cela m'a permis de grandir beaucoup professionnellement et d'acquérir des compétences et des connaissances sans avoir à suivre une formation formelle.

Le plus gros inconvénient, bien sûr, est que vous n'obtenez pas d'avantages sociaux, du moins pas de la part de votre client. En tant que consultant indépendant, il vous appartient de souscrire une assurance médicale pour vous et votre famille, de vous préparer à la retraite, de vous assurer que vous êtes couvert si quelque chose d'inattendu se produit, et tout le reste. Et si vous prenez des congés, il n'y a pas de vacances rémunérées.

Cela mène à l'autre inconvénient: des congés non planifiés entre les contrats. Quand j'ai commencé, j'avais confiance en mes compétences, donc la sécurité ne m'inquiétait pas. Obtenir un travail ou non était basé uniquement sur mes compétences et la valeur que j'ai créée pour mes clients. Cependant, mes épouses — j'en ai eu quelques-unes! — étaient plus anxieuses. Elles n'étaient pas à l'aise avec l'idée qu'un contrat pourrait prendre fin et que j'aurais besoin d'en trouver un autre. Mais la réalité est que même en tant qu'employé, vous pouvez vous retrouver dans la même position: une entreprise peut vous licencier et il n'y a aucune garantie que vous allez rapidement passer à un autre emploi, et le processus d'entrevue et d'embauche pour un rôle permanent est beaucoup plus long que de négocier un contrat de consultation.

Heureusement, au cours de toutes mes années en consultation, j'ai eu des pauses entre « deux contrats » à deux reprises, et elles ont duré environ deux mois. Cela est en partie dû à l'étendue et à la profondeur de l'expérience que j'ai; j'ai toujours trouvé facile d'obtenir des contrats. Mais aussi, ces dernières années, j'ai arrangé des choses de sorte que je travaille simultanément sur plusieurs contrats. De cette façon, si un projet se termine ou est annulé tôt, j'ai encore de l'argent d'autres clients.

C'est quelque chose que les employés ne peuvent généralement pas faire, surtout en TI. Souvent, il y a des clauses dans leur contrat de travail qui les empêchent de prendre des emplois secondaires. En tant que consultants, les clients savent qu'ils ne peuvent pas m'imposer ce genre de restriction: légalement, cela établirait une relation employeur-employé, ce qui n'est pas dans l'intérêt des deux parties.

Certains éprouvent des difficultés en tant qu'indépendants et reviennent comme employé par la suite. En parlant pour moi-même, la seule chose qui me tenterait à nouveau d'être un employé permanent est si le poste offrait quelque chose de très significatif pour moi. Je n'ai pas vraiment besoin d'affiliation; je suis heureux d'être une tierce partie. Une priorité beaucoup plus grande pour moi est de m'occuper de ma famille. J'ai sept enfants, dont cinq sont des adultes, donc je m'assure qu'ils sont en sécurité, qu'ils sont installés et qu'ils ont un toit.

Je suis l'une de ces personnes qui essaiera de tout faire, donc je ne compte pas beaucoup sur les conseillers et les experts. Quand j'ai commencé comme indépendant, j'ai créé la compagnie et j'ai fait toute la comptabilité moi-même. Même lorsque mon revenu a augmenté au point où j'allais franchir le seuil du crédit d'impôt pour les petites entreprises, j'étais convaincu que je savais comment m'y attaquer. J'ai cependant réservé une heure avec un comptable pour vérifier que j'étais sur la bonne voie.

Finances TI360 m'a été présenté par l'intermédiaire de l'une des sociétés de ressources humaines que j'utilise pour trouver des contrats. Au début, j'ai repoussé l'idée. J'avais déjà contacté un conseiller financier par le passé. Mais, comme la plupart des gens dans cette profession, il était lié à une entreprise et ne pouvait que me vendre les produits de cette entreprise. Si tout ce que je recherchais était une simple sélection de produits d'investissement, je serais capable de les rechercher et de les trouver par moi-même. Ce que je voulais vraiment, c'était des conseils impartiaux et éclairés, venant de quelqu'un capable de recommander les meilleurs produits disponibles sur le marché, et non pas seulement ceux d'une seule société pour laquelle ils travaillent en tant qu'agent. Cependant, la personne qui m'a parlé de
Finances TI360 a vraiment cru en ce qu'ils font et m'a assuré qu'ils étaient en train d'établir un plan, pas seulement de pousser des produits, et ils optimiseraient ce plan pour moi en tant que propriétaire d'entreprise. Cela m'a intrigué parce que c'était un domaine que je ne connaissais pas.

Je n'aime pas payer quelqu'un pour faire des choses que je pourrais faire moi-même, mais quand c'est en dehors de mon domaine d'expertise, je veux travailler avec quelqu'un qui sait vraiment ce qu'il fait.

Lorsque j'ai commencé à parler à Finances TI360, ce n'était pas la conversation habituelle du genre: «Je veux vous amener dans des fonds communs de placement » (parce que vous n'en avez pas, et c'est sur ma liste de contrôle). La première chose qu'ils ont faite était d'élaborer un plan qui se concentre non seulement sur la façon d'augmenter ma richesse de manière efficace sur le plan fiscal, mais aussi de s'assurer que j'étais prêt pour l'avenir, à la fois pour ce qui est prévisible (comme la retraite) et ce qui est imprévisible (comme la maladie ou l'invalidité).

Finances TI360 a été la première équipe avec laquelle j'ai discuté qui a abordé les finances sous tous les angles. Ils ne se contentent pas d'examiner les investissements du point de vue de la croissance, mais aussi en tenant compte de l'optimisation de ma situation fiscale. Sur le plan personnel, j'ai une bonne compréhension des finances - je suis ce que les conseillers appellent un investisseur « sophistiqué ». Cependant, j'ai été véritablement surpris de découvrir que je n'avais pas besoin de retirer de l'argent de ma société pour l'investir. Il existe en effet des véhicules d'investissement qui ne sont pas accessibles aux salariés. Un exemple concret est l'assurance contre les maladies graves. En cas de maladie grave, je recevrai un paiement pour m'aider pendant cette période difficile. Mais si je ne tombe pas malade, je peux récupérer cet argent de manière fiscalement efficace.

Le flux de trésorerie a toujours été une préoccupation pour moi. Je regarde mon flux de trésorerie sur un horizon de six mois, mais je sais aussi que j'aurai besoin d'argent et d'un endroit où habiter à mesure que je vieillis. Avec sept enfants, dont quatre ans où j'ai été seul pour élever cinq d'entre eux, je ne pouvais pas toujours donner la priorité à la préparation à la retraite. Je devais m'assurer que les factures étaient payées et que les besoins de ma famille étaient satisfaits.

J'avais déjà vu mes parents avoir des difficultés quand ils ont pris leur retraite, avant de recevoir la Sécurité de la vieillesse, et je ne voulais donc pas me retrouver dans la même situation. Heureusement, ce n'est pas une de mes inquiétudes grâce au plan que Finances TI360 a créé.

Je cherchais à diversifier mon portefeuille, donc Finances TI360 a été le complément parfait de ce que j'avais fait. Les stratégies de Finances TI360 combinées — intégrant l'assurance comme un investissement, un portefeuille de placements corporatif et un Régime de retraite exécutif— étaient parfaitement logiques ensemble, et c'est facile pour moi de voir la position dans laquelle je vais me retrouver lorsque je prendrai ma retraite, en fonction du montant que je cotise.

Donc, mes vieux soucis à propos des difficultés après la retraite sont partis, et je me sens très à l'aise face à l'avenir. Et ils ont même été en mesure d'incorporer des investissements que j'avais faits dans le passé, comme des propriétés.

Bien sûr, la retraite n'est pas encore avant quelques années, mais mon intention est qu'une fois que tous mes enfants auront grandi et auront quitté la maison (le plus jeune a dix ans, donc il reste encore du temps!), je ralentirai.

Je vais probablement encore faire un peu de consultation parce que j'aime la liberté que cela me procure: je peux choisir un pays, un employeur et un travail qui me plait, et je peux travailler six mois sur ce contrat, en faisant l'expérience de la culture et de la nourriture. Ensuite, lorsque le contrat prendra fin, je reviendrai, je passerai du temps avec la famille, puis je recommencerai dans un autre endroit.

À un certain point, cela ne sera plus possible, mais en attendant, je vais me surpasser physiquement et mentalement pour pouvoir rester en bonne santé aussi longtemps que possible pour profiter de la vie.

La chose importante est que je vais travailler parce que je peux, et non parce que, comme la plupart des gens, je dois le faire. Je vais travailler parce que j'apprécie les défis et que je choisis ceux qui sont alignés avec mes principes et mes valeurs. Peut-être que je travaillerai pour une œuvre de bienfaisance parce que ce n'est pas une question d'argent. Une des causes qui me tient à cœur est de veiller à ce que les habitants des pays en développement aient accès à de l'eau potable. Donc, cela pourrait être quelque chose que je choisis de faire. C'est beaucoup plus valorisant que d'envoyer un chèque par la poste à une œuvre caritative une fois par an et de se dire: «J'ai fait ma part».

Chez Finances TI360, je travaille avec Sam Cellini, et ce que j'apprécie vraiment, c'est qu'il ne me donne pas simplement une réponse lorsque je pose une question; il me donne une réponse *éclairée* basée sur l'expérience et les connaissances réelles. Un gros problème dans cette industrie est qu'il y a plusieurs conseillers sur le marché qui vous prodigueront des conseils qui seraient bons *si* vous étiez un employé salarié, mais pas un consultant exploitant une entreprise. Vous bénéficiez de nombreuses possibilités dont certains conseillers ignorent même l'existence, ou s'ils les connaissent, ils ne les comprennent pas vraiment parce qu'ils ne les utilisent pas tout le temps.

Donc, il est crucial de s'adresser à des personnes qui possèdent ces connaissances et cette compréhension, et surtout, qui ont élaboré un plan pour exploiter chaque option qui se présente à vous.

La phase de succession

Chapitre 9

Les deux seules certitudes de la vie sont le décès et les impôts

La phase de succession met l'accent sur la façon dont vous transférez efficacement votre richesse à d'autres, généralement la prochaine génération de votre famille. La plupart des gens ne se rendent pas compte des sommes d'impôts à considérer lors de votre décès. Si vous commencez seulement à y réfléchir lorsque vous avez 70 ans, il est probablement déjà trop tard — plusieurs des meilleures stratégies pour optimiser votre situation fiscale ne vous sont même pas accessibles dans les dernières années de votre vie. Donc, commencer à planifier tôt devient payant; le plus tôt étant le mieux.

Il existe une idée fausse, mais répandue selon laquelle le Canada n'impose pas les successions ou les héritages. Bien que cela soit techniquement vrai — il n'y a pas d'impôt fédéral officiellement désigné comme impôt sur les héritages — ceci est loin de vouloir dire qu'il n'y a pas d'impôt quand vous décédez. Chaque province a sa propre façon d'obtenir de l'argent de votre part (ou plutôt de vos héritiers), mais en termes généraux, tout ce que vous possédez est réputé être vendu le jour de votre décès, de sorte qu'il est assujetti à l'impôt sur le revenu et à l'impôt sur les gains en capital (à l'exception de votre résidence principale).

Une autre idée fausse, mais répandue est que vous pouvez transférer un REER à vos enfants en franchise d'impôt. Encore une fois, cela est faux: vous pouvez le transférer en franchise d'impôt à un conjoint survivant, mais pas à vos enfants. Il y a un certain allègement pour les couples: aucun impôt n'est perçu lorsque le premier conjoint décède, mais lorsque le second conjoint décède, l'ARC rappliquera assez rapidement.

Cela nous amène à la troisième idée fausse (et possiblement la plus dangereuse) de l'impôt au moment du décès: qui paie la facture? Plusieurs personnes croient qu'elle reviendra à leurs héritiers. « J'ai quatre enfants », donc le raisonnement est le suivant: « Au moment où tout est divisé entre eux et où ils utilisent leurs allocations et leurs tranches d'imposition, l'impôt ne sera sûrement pas si pire? »

Paradigme brisé no. 7: Laisser la planification fiscale successorale à vos héritiers

Le problème est que l'impôt sur votre succession est évalué à titre posthume, pas sur vos héritiers: si par malheur vous deviez laisser derrière vous un portefeuille garni de 1 million de dollars, préparez-vous à ce que l'ARC le considère comme ayant été liquidé, comme si chaque actif avait été vendu individuellement de votre vivant. Vos héritiers, quant à eux, auront droit à leur part de la valeur nette, sans égard à leur tranche d'imposition ou à leurs investissements antérieurs. Cette disposition impromptue des avoirs rend toute planification fiscale obsolète. Pire encore, cette situation se joue en une seule journée, sans possibilité de répartir les transferts sur plusieurs années fiscales. Ainsi, une facture fiscale colossale vous attend, avec jusqu'à 25 % de l'argent qui finira entre les mains du gouvernement.

Maintenant, que vous travailliez avec nous ou non, vous passerez probablement la plus grande partie de votre vie professionnelle à essayer de minimiser l'impôt que vous payez. Il est donc logique que, lorsque l'on pense à la fin, vous ne puissiez pas vous faire à l'idée que le ministère du Revenu va tout reprendre.

La triste réalité est que cela représente un chapitre dont la plupart des planificateurs financiers ne vous parleront même pas parce qu'ils se concentrent souvent sur ce qu'il faut faire de votre argent pendant que vous êtes en vie. Par conséquent, la plupart des conseillers parlent de la planification de la succession alors qu'il est beaucoup trop tard.

Cependant, chez Finances TI360, nous planifions et optimisons bien à l'avance. Le but n'est pas d'attendre que vous frappiez le mur: nous savons que le mur s'en vient, donc nous le planifions 20 ou 30 ans à l'avance. De cette façon, nous pouvons agir sur cette situation aujourd'hui, alors qu'il y a beaucoup plus de possibilités qui s'offrent à vous.

Laissez quelqu'un d'autre payer!

Il y a deux façons de payer des impôts à votre décès. L'une, bien sûr, est de les payer en diminuant ainsi les sommes remises à votre succession en utilisant votre propre argent. L'autre est de mettre de côté des fonds pour payer la facture d'impôt finale grâce à votre Plan successoral retraite (que nous avons utilisé dans la phase d'accumulation) et laisser votre assureur payer les impôts.

Dans le premier chapitre de notre livre, j'ai souligné l'un des principaux piliers de la Politique d'investissement corporative: l'exploitation judicieuse des produits d'assurance souvent négligés par la plupart des conseillers, notamment le Plan successoral retraite. Ce plan est spécifiquement conçu pour optimiser votre position financière à la fois pendant votre phase de retrait et dans celle de la succession.

Sans le Plan successoral retraite, vous seriez contraint de prendre des décisions cruciales dans la quarantaine pour anticiper votre situation dans la soixantaine, voire au-delà. Pour la plupart des gens, anticiper l'avenir est une tâche ardue, c'est pourquoi nous proposons le Plan successoral retraite pour rendre ces choix superflus. Cependant, il est crucial de le mettre en place suffisamment tôt, afin qu'il puisse être opérationnel dès la phase d'accumulation, plutôt que d'attendre l'approche imminente de la retraite.

Le fait est que les outils que vous utilisez dans la phase d'accumulation doivent vous préparer à la planification de la succession. Si vous y parvenez, vous n'avez pas besoin de faire quoi que ce soit de spécial, c'est pourquoi nous avons mis les choses en place comme nous l'avons fait, en établissant la planification successorale dans L'Outil NEURONE à chaque phase.

Alors, à quel moment devriez-vous commencer à planifier votre succession? Ce sujet sera traité au prochain chapitre.

Chapitre 10

Le meilleur moment pour commencer à planifier votre succession est maintenant

La planification successorale est souvent accompagnée par l'expression « transfert de richesse intergénérationnel », qui donne l'impression d'être quelque chose dont Bill Gates devrait s'inquiéter, pas Joe Smith. Une autre erreur fréquente commise par de nombreux consultants est de présumer que la planification successorale et les préoccupations liées à la transmission de votre patrimoine ne sont pertinentes que pour les personnes très fortunées. Ils repoussent ainsi souvent cette planification, arguant que ce n'est qu'une préoccupation pour les personnes âgées ou pour les riches.

Cependant, la triste réalité est que la plupart des individus dans la quarantaine et la cinquantaine ne pensent même pas à la planification successorale. Leur principale préoccupation tourne plutôt autour de la sécurité financière pour la durée de leur retraite. Et puisque cette préoccupation est au premier plan, il peut sembler futile de réfléchir à ce qui arrivera à leur patrimoine après leur décès. C'est une peur naturelle, et la plupart des planificateurs vous diront de rester prudent et de mettre plus d'argent dans vos placements sous prétexte que plus vous en mettez, plus vous en aurez. Ainsi, les gens ont tendance à se concentrer sur la collecte d'actifs plutôt que sur ce qu'ils vont faire avec ces actifs plus tard.

Chez Finances TI360, nous nous concentrons également sur la collecte d'actifs. Mais nous savons aussi que si nous faisons bien notre travail, il en restera beaucoup à « la fin ». Il est fort probable que vous bénéficiez de bien plus que ce que vous n'auriez jamais osé imaginer auparavant. En parcourant ces richesses, nous nous attardons également à leur affectation optimale afin de minimiser les charges fiscales, que ce soit durant votre phase de retrait ou au moment de votre décès.

Vous voyez, la pénurie de fonds n'est pas le véritable enjeu. Même si vous jouissez d'une aisance financière modérée (plutôt que d'une richesse extrême), il est peu probable que vous épuisiez vos ressources avant de tirer votre révérence. Pourtant, l'incertitude quant à ce qui restera demeure, rendant complexe toute réflexion sur la planification successorale. Ainsi, en plus de vous interroger sur la manière de garantir un niveau de vie confortable pour la durée de votre retraite, il convient également de considérer qui assumera les charges liées à ce qu'il restera à votre départ.

Pensez-y de cette manière: Pendant la phase d'accumulation, vous érigez un édifice financier en constituant un portefeuille d'investissements. Lorsque vient la phase de retrait, vous vivez des revenus générés par ces investissements. Le défi du retrait réside dans le fait que vous ne connaissez pas la durée exacte de votre vie à venir — elle pourrait s'étendre sur dix ans ou trente. Ainsi, autant que possible, il est judicieux de vivre des fruits de votre portefeuille plutôt que de liquider les investissements eux-mêmes, car ce portefeuille est votre pilier tout au long de la retraite. Si vous commencez à puiser dans le capital initial, il pourrait s'épuiser, ce que nous cherchons justement à éviter. Dans l'idéal, je voudrais présenter à mes clients un modèle et leur dire: « Même si vous atteignez l'âge de 95 ans, voici ce qui restera dans chacun de vos comptes. »

Ainsi, si vous gérez les retraits correctement, ces investissements seront toujours là quand vous mourrez, et nous voulons nous assurer que ces investissements vont à votre famille, et non au ministère du Revenu. Nous voulons aussi que le transfert de richesse intergénérationnel se produise aussi efficacement que possible sur le plan fiscal.

Maintenant, voici quelque chose d'intéressant à considérer. Le monde est dirigé par des familles qui ont compris le transfert de richesse intergénérationnel. Chaque génération de ces familles est plus riche que la précédente, et plus tôt une famille l'a compris, plus ils exercent de pouvoir et d'influence aujourd'hui. Il n'y a donc pas de meilleur moment pour commencer à penser au transfert de richesse intergénérationnel de votre famille.

« Au diable les enfants! J'ai dû travailler pour mon argent. Ils vont devoir le faire aussi. »

Cela ne se produit pas souvent, mais parfois quand je parle de l'impôt et de l'héritage, un client va me dire qu'il ne veut pas prendre du temps pour la planification de l'impôt au moment du décès parce que leurs enfants devraient être reconnaissants de ce qu'ils reçoivent. Après tout, ils n'ont rien eu à faire pour l'obtenir. Et c'est tout à fait correct. C'est un choix. Mais j'aimerais souligner que le client a travaillé fort avec moi pour réduire au minimum l'impôt qu'il paie. Donc, est-il en train de me dire qu'à la fin, il veut laisser l'ARC tout prendre? Qu'il ne s'en soucie plus? En général, cela suffit à les faire changer d'avis.

Comme vous l'avez déjà appris, les stratégies que nous allons mettre en œuvre ne consistent pas à compromettre votre style de vie à la retraite afin de laisser davantage d'argent à vos enfants. Au lieu de cela, il s'agit d'organiser vos affaires plus efficacement de sorte que le gouvernement obtienne moins de votre richesse, et qu'elle soit plutôt transférée à vos héritiers, en fait, c'est de l'argent gratuit.

La belle chose dans tout ça, c'est que même si vous n'êtes pas prêt à mettre en place nos suggestions dès maintenant, il n'est jamais trop tard. Si vous changez d'avis ultérieurement et décidez que vous préférez léguer votre argent à votre famille plutôt qu'aux impôts, nous pouvons intégrer la planification successorale à votre plan financier à tout moment, même si vous avez déjà atteint l'âge de 65 ans. (Bien sûr, comme c'est souvent le cas dans les questions d'argent, plus tôt vous mettez en place ces stratégies, mieux c'est.)

Faire de bonnes actions, même après son décès

Bien sûr, toute votre succession ne doit pas nécessairement être destinée à la prochaine génération. Certains de nos clients souhaitent consacrer au moins une partie de leurs actifs à des œuvres caritatives. Beaucoup pensent que les dons de bienfaisance sont réservés aux ultra-riches, qu'il s'agit de léguer de l'argent à un hôpital pour voir son nom sur une tour, ou de faire un don à une université pour obtenir une chaire à son nom.

En réalité, les dons de bienfaisance se résument à deux aspects: contribuer au bien dans le monde et, bien sûr, réduire les impôts sur votre succession. Peut-être que votre patrimoine compte moins de zéros que celui de Bill Gates ou de Warren Buffett, mais il reste une responsabilité fiscale, et l'Agence du revenu du Canada traite les dons de bienfaisance de manière très favorable.

> Depuis les dix dernières années, je suis impliqué auprès d'une organisation qui aide les adolescents aux prises avec des problèmes de drogues, d'alcool, de cyberdépendance, et autres. J'ai également souscrit une assurance sur la vie de mon père. À son décès, cette organisation recevra une grosse somme d'argent. Il est donc en mesure de faire le bien, même après son décès, et il y a un allègement fiscal de rattacher pour rendre l'affaire encore plus agréable.

La manière dont les dons de bienfaisance sont traités signifie que vous pourriez contribuer à une cause louable avec un coût net minimal. Si laisser 10 000 $ à une organisation caritative coûte réellement 10 000 $, vous pourriez être indécis quant à la décision de faire un don. Mais imaginez si vous pouviez donner 10 000 $ à une organisation caritative et que, grâce aux avantages fiscaux, le coût pour votre succession était seulement de 5 000 $, voire moins.

Il existe des stratégies que vous pouvez utiliser pour minimiser les impôts grâce aux dons de bienfaisance à chaque étape de votre vie. La mort n'est qu'une de ces étapes, avec ses propres stratégies. Par exemple, vous pourriez souscrire une police d'assurance-vie de votre vivant, en désignant l'organisme de bienfaisance comme bénéficiaire. Vos primes pour cette police sont déductibles d'impôt pendant votre vie, réduisant ainsi votre facture fiscale annuelle. Alternativement, vous pourriez inclure le don dans votre testament, bénéficiant alors d'un autre ensemble d'avantages fiscaux. Il s'agit simplement de comprendre le fonctionnement de la fiscalité et de disposer d'un guide de stratégies pour minimiser cette imposition à chaque étape de votre vie.

« Mais Éric, je n'ai pas d'enfants! »

Si vous n'avez pas d'enfants et que vous n'avez pas l'intention d'en avoir, vous pouvez présumer que ce chapitre n'est pas pertinent pour vous. Mais ici encore, la question est de savoir à qui préféreriez-vous laisser votre argent: au ministère du Revenu, à une bonne cause que vous soutenez, ou peut-être quelqu'un d'autre que vous désignez? Si vous ne planifiez pas, le gouvernement planifiera pour vous. De cette façon, cependant, c'est vous qui décidez ce que vous voulez faire avec votre argent, et nous vous aiderons à faire plus avec cet argent que de simplement payer des impôts.

Si vous ne planifiez pas ce qui arrivera à votre argent après votre décès, le gouvernement le planifiera pour vous!

Optimiser au fur et à mesure

L'une des grandes différences entre notre approche de la planification successorale et le paradigme standard est le « timing ». La plupart des gens attendent à plus tard dans leur vie pour penser à la succession. Au lieu de cela, vous devez la considérer dans tout ce que vous faites tout au long des phases d'accumulation et de retrait. De cette façon, la planification de la succession et le transfert de richesse sont déjà optimisés d'un point de vue fiscal.

Cette philosophie souligne toute notre façon de travailler, allant des conversations que nous avons avec les clients et les plans que nous créons, jusqu'à la façon dont nous construisons et utilisons l'Outil. Cette philosophie est bien présente, guidant ce que nous faisons, allant du jour où nous vous rencontrons pour la première fois au jour où nous aidons vos héritiers à gérer votre succession.

Et maintenant que nous sommes arrivés au bout du chemin, avant de conclure, voyons comment l'une de nos clientes a construit son héritage.

Si vous souhaitez vous assurer que votre famille sera prise en charge, planifiez une réunion avec l'un de nos conseillers professionnels pour examiner vos arrangements existants, modéliser vos finances actuelles et futures, et répondre à d'autres questions cruciales sur la gestion de votre patrimoine.

Pour organiser une réunion initiale, visitez cette page Web et indiquez-nous comment vous contacter. Nous prendrons les choses en main à partir de là.

Pour garantir le bien-être de votre famille, prenez rendez-vous avec l'un de nos conseillers. Nous nous occuperons du reste.

consultant.financesti360.com/fr/#prendre-rendez-vous

Bien faire en faisant bien: Ghislaine Boundjia

Ghislaine Boundjia a pleinement tiré parti de la mobilité et de la liberté qu'offre le fait d'être consultant indépendant, et a établi une carrière selon ses propres termes, lui permettant d'avoir un impact positif dans le monde en dehors de la sphère des TI.

J'ai commencé ma carrière en tant qu'ingénieure avant de passer à la gestion de produits au début de ma vingtaine. Plus récemment, j'ai entrepris la gestion de projets pour les entreprises de télécommunications et les institutions financières. J'ai créé ma société et suis devenue consultante indépendante en 2015. Je voulais avoir la liberté de prendre une pause dans ma carrière si je le souhaitais (sans avoir besoin d'avoir un bébé!). J'ai également vu cela comme un moyen d'obtenir plus rapidement de l'indépendance financière en raison des possibilités accrues qu'elle offrait pour l'épargne et la croissance financière par rapport à un employé.

Au départ, les choses ne se sont pas aussi bien passées que ce que j'espérais. J'ai mis en place mon entreprise seule, et j'ai commis quelques erreurs critiques dans la façon dont les choses étaient structurées financièrement. J'ai aussi trouvé difficile d'obtenir des projets au cours des premières années parce que les clients ne pensaient pas que j'avais suffisamment d'expérience. Ils m'ont vu en tant que gestionnaire de produit, pas en tant que gestionnaire de projet, même si j'avais un diplôme en gestion de projet et des années d'expérience au sein d'équipes de projet!

Ils m'ont dit que, même s'ils pensaient que j'avais les compétences nécessaires, mon manque d'expérience formelle en tant que gestionnaire de projet sur le papier rendait difficile la justification de mes tarifs. Alors, quand une opportunité s'est ouverte en Afrique, offrant la possibilité de tracer une nouvelle voie professionnelle et personnelle, je l'ai saisie.

J'ai entamé ce parcours en tant que directrice technique, avant de gravir les échelons vers des postes de gestion de projet. Dans ce secteur, il est essentiel de s'assurer que vous disposez des certifications appropriées. Il y a plusieurs options, mais certaines sont plus reconnues et très appréciées par les clients que d'autres. Par exemple, en Afrique, j'ai eu le choix entre le PMP (professionnel en gestion de projet) ou le CAPM (associé certifié en gestion de projet). Les deux sont issus de la *Project Management Institute* et nécessitent à peu près le même effort. Mais bien que les deux soient reconnues à l'échelle internationale, la certification PMP est mieux connue et davantage respectée. Donc, si je devais mettre du temps à obtenir un certificat, j'étais mieux d'obtenir celui qui me donnerait le plus d'effet de levier sur le marché et me permettrait de gagner les taux les plus élevés.

Pour la même raison, une fois mon PMP obtenu, la question évidente était: « Et ensuite? » Encore une fois, je ne voulais pas simplement choisir une certification au hasard; je voulais savoir ce que le marché recherchait, ce qui s'est avéré être ITIL (*Information Technology Infrastructure Library*), une certification internationale qui se concentre sur l'alignement des services TI avec les besoins de l'entreprise.

Note d'Éric: Un avantage significatif d'être un consultant plutôt qu'un employé est que vous pouvez choisir ce que vous étudiez et le moment pour le faire. En tant qu'employé, vos opportunités de développement professionnel sont déterminées par l'entreprise, qui se préoccupe naturellement davantage de ses besoins internes que de votre carrière et de votre qualité marchande. En tant que consultant, vous êtes libre de regarder autour, et de prendre des décisions basées sur les opportunités que vous voyez, sur les compétences qui sont plus fortement en demande, et ce qui vous rapportera le plus d'argent.

Lorsque je suis revenue au Canada en 2019, beaucoup de choses avaient changé. Le marché des professionnels en technologies de l'information était en plein essor, et mon expérience en Afrique, combinée à mes certifications PMP et ITIL ainsi qu'à mes compétences non techniques et à ma confiance en moi (des atouts que l'on ne peut pas acquérir à l'école!), m'ont rendue hautement commercialisable. Désormais, au lieu de prospecter activement des clients potentiels, ils venaient à moi.

Ce dont on parle rarement dans notre industrie, ce sont les défis auxquels les femmes, surtout les femmes noires, doivent faire face dans le domaine des technologies de l'information. Une raison qui m'a poussée vers le conseil était la réalisation que certaines opportunités pourraient être hors de portée si j'avais poursuivi une carrière traditionnelle au sein d'une grande entreprise. En restant, j'aurais dû sacrifier certains de mes rêves. Ainsi, bien que j'aie peut-être manqué les échelons de carrière et les promotions offerts par une structure d'entreprise, j'ai gagné d'autres formes de réussite.

Être consultant indépendant ne consiste pas seulement à se présenter, à faire le travail et à espérer que le client vous aime, et il ne s'agit pas non plus de l'argent et de la liberté exclusivement — le mode de vie et les avantages financiers d'être consultant sont excellents, mais cela ne me satisfait pas à moins d'être également au service de quelqu'un. D'un point de vue personnel, il est très important pour moi de sentir que j'apporte de la valeur à mes clients. Ils paient pour mes services, et en échange: ils obtiennent mes services, mon expérience et mes capacités.

Ce qui est intéressant, c'est que les consultants indépendants vont souvent au-delà de ce qui est attendu et de ce pour quoi ils sont payés. Et c'est tout simplement à cause de ce désir de servir et de créer de la valeur. Contrairement à un employé, un consultant ne se surpasse pas dans l'espoir d'obtenir une promotion ou une augmentation de salaire. Leurs frais ont été convenus, et ils cherchent simplement plus de moyens de fournir de la valeur au client.

En plus de devoir renoncer à tout rêve de gravir l'échelle de l'entreprise vers un poste de direction, je n'ai pas trouvé jusqu'à présent de désavantages à être consultante, bien que je me rende compte que je suis encore relativement nouvelle dans ce cheminement de carrière. D'un point de vue personnel, cette expérience a été extrêmement enrichissante jusqu'à présent. Même si le marché devait s'effondrer demain, je reste convaincue que c'était la bonne décision pour moi. Elle m'a apporté une croissance financière et une liberté, une autonomie inestimable dans la planification et la préparation de ma retraite, ainsi que des avantages mentaux et personnels indéniables. Je me sens plus équilibrée et épanouie, et mes clients expriment leur reconnaissance pour le travail que je réalise.

Une chose que j'ai faite plus tôt que beaucoup de professionnels est de commencer à réfléchir à mon héritage.

En 2002, tout juste après avoir terminé mon diplôme d'ingénieure, j'ai créé une fondation à but non lucratif pour offrir des bourses d'études aux enfants en Afrique. Mon cœur a toujours battu pour l'Afrique, et c'est une cause à laquelle je tiens beaucoup. Donc, une fois mes études terminées, je voulais que mon temps soit dédié à quelque chose d'utile.

Je me suis toujours sentie chanceuse d'avoir des parents qui pouvaient payer mes études, et je voulais donner la même opportunité aux autres enfants. J'ai donc commencé à recueillir des fonds. Au début, c'était environ 1 000 euros par an. Mais maintenant, nous le faisons depuis plus de 20 ans, et le montant a augmenté. Certaines années ont été bonnes, d'autres pas si bonnes, mais d'un point de vue personnel, cela n'a pas fait de différence: tout ce qui comptait pour moi, c'est qu'il y avait des enfants qui savaient qu'il y avait une femme au Canada qui se souciait d'eux. Et mon entreprise m'a donné la liberté de donner plus.

La retraite est encore bien loin pour moi, mais en tout cas, comme plusieurs consultants indépendants, l'idée de la retraite est relativement dénuée de sens (encore plus pour moi, parce que les Africains n'ont pas ce concept — dans de nombreuses langues africaines, il n'y a même pas de mot pour « retraite »!). Il s'agit donc davantage d'avoir hâte de ralentir et de me montrer plus sélective quant au niveau de stress que je vais tolérer, de choisir les clients avec lesquels je travaille et de combien de temps je veux pour moi-même.

Je me vois dans ces étapes ultérieures de ma carrière, probablement dans des postes similaires à ceux que j'occupe maintenant, mais en créant plus de valeur ou peut-être que je vais passer à la gestion de portefeuille. Quelle que soit la transition que je fais, je veux m'assurer qu'il y a un marché pour ce genre de travail en tant que consultante. Par exemple, j'aime le développement de produits, mais c'est traditionnellement un rôle interne. Donc, si je passe au développement de produits aujourd'hui, cela signifierait de devenir une employée. Par conséquent, je resterai probablement dans la gestion de projet et de programme, où les possibilités sont nombreuses pour les consultants. Mais je vais quand même chercher des rôles qui me donnent la flexibilité de voyager plus afin de pouvoir travailler plus étroitement avec les enfants que je parraine.

> **Note d'Éric:** Pour de nombreux consultants indépendants, les finances sont presque une réflexion après coup. Ils planifient leur carrière en détail, en pensant aux qualifications à obtenir, au type d'expérience dont ils ont besoin sur leur curriculum vitæ et au genre d'entreprises pour lesquelles ils veulent travailler. Mais ils considèrent l'argent comme un extra: «Je vais obtenir mes clients, faire le travail, et voir combien d'argent je peux faire en conséquence.» Une conversation avec un spécialiste financier est souvent nécessaire pour qu'ils voient que vous pouvez être beaucoup plus conscient et structuré dans la façon dont vous abordez vos finances. Cependant, Ghislaine avait une petite longueur d'avance.

Je viens d'une culture qui est très axée sur la famille et les gens, et j'ai grandi avec un état d'esprit très conscient en ce qui concerne l'argent. En tant que consultant, je crois fermement qu'il est essentiel de gérer vos gains. J'ai eu de la chance d'avoir été amené à m'occuper de mes finances. Quelle que soit la quantité d'argent que j'ai, il est vital pour vivre en dessous de mes moyens pour pouvoir épargner pour l'avenir.

Une autre partie de la planification pour l'avenir est de mettre en place les bonnes polices d'assurance. Mais, à moins d'être dans ce domaine, il est difficile de suivre tous les produits disponibles et de savoir comment structurer les choses pour ne pas finir par payer plus d'impôts que vous ne le devriez. Travailler avec Éric et son équipe m'a aidé à affiner mon approche. Je ne suis pas une experte en finances et je me fie beaucoup au bon sens pour prendre mes décisions, mais avec Éric, j'ai les bonnes informations pour les prendre.

Chapitre 11

Conclusion

La planification financière courante est, admettons-le, ennuyeuse. Lorsque vous parlez à un nouveau conseiller financier, il vous pose toujours les mêmes questions: Que se passera-t-il si vous mourez prématurément? Que se passera-t-il si vous tombez malade? Que se passera-t-il si vous vivez trop longtemps? Etc. Ce sont des questions essentielles que vous devez examiner et planifier, mais comme vous l'avez vu dans ce livre, il existe une autre façon d'examiner la planification financière, et pour la plupart des gens, il s'agit d'une façon beaucoup plus passionnante d'atteindre les objectifs traditionnels de planification financière.

Si vous êtes rendu à ce point dans le livre, une chose devrait être claire: les paradigmes de conseils financiers standards ne fonctionnent pas pour vous. Ce n'est pas que le conseil soit mauvais ou que les conseillers qui le donnent sont incompétents. C'est seulement que l'industrie est créée principalement pour servir les employés: les employés réguliers représentent 90 % de la population active. Il est donc naturel que la plupart des conseillers se concentrent sur eux, et que la plupart des produits soient conçus pour répondre à leurs besoins. Cependant, vous n'êtes pas comme 90 % de la population. Vous êtes propriétaire d'entreprise, ce qui vous permet de gérer vos affaires selon un ensemble de règles complètement différent, mais vous avez besoin d'un conseiller qui connaît ces règles et qui comprend quand, où et comment les appliquer.

Tout ce que nous faisons chez Finances TI360 est conçu autour de deux objectifs simples:

- De réduire au minimum le montant d'impôt que vous devez payer;
- De maximiser les gains que vous réalisez.

La clé réside dans la compréhension de l'ensemble. Le système financier est complexe, et un simple changement dans un aspect de vos finances peut avoir un impact considérable, pour le meilleur ou pour le pire. Sans cette compréhension, une décision prise aujourd'hui pourrait vous faire économiser des milliers de dollars en impôts ou vous causer une lourde facture fiscale. De même, des mesures prises pour réduire les risques à court terme pourraient entraîner des pertes de revenus importantes à long terme, annulant ainsi les modestes gains que vous pourriez réaliser.

Il est difficile pour un conseiller unique d'avoir la profondeur et la portée de connaissances nécessaires dans chaque aspect du domaine financier. C'est pourquoi il est avantageux de travailler avec une équipe multidisciplinaire d'experts habitués à penser au-delà des limites de leur spécialité. Cependant, trouver ces experts peut être chronophage et délicat. Je sais cela parce que j'ai déjà constitué une équipe de ce type chez Finances TI360. C'est pourquoi je vous adresse cette invitation.

Si les idées que vous avez découvertes dans ce livre résonnent avec vous, ou même suscitent simplement votre curiosité, j'aimerais vous inviter à planifier un appel avec moi ou l'un des membres de mon équipe. Lors de cet appel, nous explorerons vos finances actuelles et les arrangements que vous avez déjà en place, nous vous fournirons des suggestions et, à la fin, vous serez libre de décider si vous souhaitez continuer à travailler avec nous ou si vous préférez explorer d'autres options par vous-même.

Permettez-moi d'être votre partenaire dans ce voyage

Chez Finances TI360, notre approche repose entièrement sur le partenariat. Mon objectif n'est pas de vous vendre quelque chose. Au contraire, je suis ici pour vous éduquer et vous présenter une approche alternative. Contrairement à de nombreux conseillers, je ne me place pas en tant qu'expert suprême dictant ce qui est bon pour vous. Mon objectif est plutôt de vous armer des connaissances nécessaires pour prendre des décisions éclairées. Par exemple, si je vous présente trois options, je m'assurerai que vous comprenez parfaitement pourquoi l'option B est préférable à A ou C. Je souhaite que vous compreniez l'impact de chaque choix sur votre richesse, même si vous n'êtes pas un expert en finances.

Lorsque nous rencontrons un client potentiel, nous ne nous contentons pas de poser quelques questions basiques. Nous posons de nombreuses questions et nous expliquons nos suggestions en détail. Vous avez le pouvoir de prendre les décisions, mais seulement si vous comprenez pleinement les choix qui s'offrent à vous. Une fois que vous avez pris une décision éclairée, nous mettrons en œuvre les stratégies exactes que vous avez choisies.

Ne remettez pas à demain la gestion de vos finances. Commencez dès maintenant à maximiser vos opportunités. Que ce soit pour minimiser vos impôts, sécuriser votre retraite ou maintenir votre style de vie, agissez dès aujourd'hui. Planifiez votre rendez-vous exploratoire dès maintenant:

consultant.financesti360.com/fr/#prendre-rendez-vous